suhrkamp taschenbuch 2471

Zenkei Shibayama schildert mit umfassender Sachkenntnis das Charakteristische des Zen-Weges. Er erläutert mit großer Einfühlungsgabe die grundlegenden Texte und Gedichte des Zen. Ein Hauptmerkmal des Zen sei, daß es ganz und gar nicht mystisch, spöttisch oder argumentativ, sondern ganz praktisch und sachlich sei und fest auf dauerhaftem Grund stehe, stellt Daisetz T. Suzuki in seiner Einführung fest. Ein Beispiel aus dem Text von Zenkei Shibayama will dies belegen.

»Eines Tages schnitt Fugan von Nansen mit einer Sichel Gras auf einem Berg. Ein Mönch, der den Bergpfad heraufkam, fragte ihn, ohne zu wissen, mit wem er sprach: ›Wie kann ich zu dem Berg Nansen kommen?‹ Der Meister erhob seine Sichel vor dem Mönch und antwortete: ›Ich habe 30 Geldmünzen für diese Sichel gezahlt.‹ Der Mönch aber erwiderte: ›Ich habe dich nicht nach der Sichel gefragt.‹ ›Was hast du mich dann gefragt?‹ wollte der Meister wissen. Der Mönch wiederholte: ›Wie komme ich auf den Berg Nansen?‹ Da sagte der Meister: ›O ja, sie schneidet gut.‹«

Zen, so Shibayama, ist keine Anhäufung von abstrakten Kenntnissen oder Erfahrung auf den Abwegen philosophischer Gespräche. Zen ist, wie das Beispiel zeigt, praktisches Leben in einem jeden Augenblick. Die Zwiesprache zwischen Meister und Schüler und die scheinbar sich widersprechenden Denkaufgaben geben das Geheimnis des Zen am unmittelbarsten wieder. *Zen – Eine Blume spricht ohne Worte* ist eine Einführung in den Geist des Zen durch Gleichnis und Bild.

Zenkei Shibayama ist Abt des Nanzanji-Klosters in Kyoto und einer der größten Zen-Meister Japans.

Zenkei Shibayama
ZEN

*Eine Blume
spricht ohne Worte*

Eine Einführung
durch Gleichnis und Bild

Mit einem Vorwort von
Daisetz T. Suzuki
Aus dem Englischen von
Ursula von Mangoldt

Suhrkamp

Titel der Originalausgabe: *A Flower Does Not Talk*
© 1970 by Charles E. Tuttle Company, Inc.
Die deutsche Erstausgabe erschien 1974 unter dem Titel:
Zen in Gleichnis und Bild
Umschlagfoto: Eberhard Grames/Bilderberg

suhrkamp taschenbuch 2471
Erste Auflage 1995
© der deutschen Ausgabe
1974 by Scherz Verlag Bern – München – Wien
für Otto Wilhelm Barth Verlag
Lizenzausgabe mit freundlicher Genehmigung des Scherz Verlags
Suhrkamp Taschenbuch Verlag
Alle Rechte vorbehalten, insbesondere das
des öffentlichen Vortrags, der Übertragung
durch Rundfunk und Fernsehen
sowie der Übersetzung, auch einzelner Teile.
Druck: Ebner Ulm
Printed in Germany
Umschlag nach Entwürfen von
Willy Fleckhaus und Rolf Staudt

1 2 3 4 5 6 – 00 99 98 97 96 95

Inhalt

Vorwort 7

Einführung 10

Typische Merkmale des Zen 15

Die vier Grundsätze 21

Zen-Schulung 31

Zen-Persönlichkeit 45

Zazen Wasan 55

  Vorwort 55

  Meister Hakuins Preisgesang des Zazen 56

  Der Hintergrund 58
    Zen-Meister Hakuin 58
    Die Überschrift 66
    Der Aufbau des Gesangs 69

  Erläuterungen zum Preisgesang des Zazen . . . 71
    Teil I: Einleitung 71
    Teil II: Haupttext des »Zazen Wasan« . . . 82
    Teil III: Schluß 101

Die Sechs Bilder Von »Ochs und Hirte« 117

  Vorwort 117

  Erläuterungen zu den Bildern 119
    1. Die Zen-Bilder »Ochs und Hirte« 119
    2. Der Geist-Ochse 120
    3. Das Weißwerden des Schwarzen Ochsen . 121
    4. Der Hirte 123
    5. Das Halfter des Vertrauens 124
    6. Die Rute der Sehnsucht 125
    7. Ein Kreis 126

8. Bibliographie 127

9. Kurze Biographie über Jitoku 128

Die Bilder

Erstes Bild: Erwachen des Vertrauens 129

Zweites Bild: Das erste Auftreten 133

Drittes Bild: Noch fehlt die echte
Verwirklichung 137

Viertes Bild: Wahrer Geist 142

Fünftes Bild: Beide vergessen 146

Sechstes Bild: Freies Spiel 150

Eine Blume spricht ohne Worte 155

Die ganze Welt, sowohl der Osten wie der Westen, scheint heute eine Zeit der Erschütterung und Wehen durchzumachen, so daß man den Eindruck gewinnt, daß eine neue Kultur geboren wird. Es kann nicht nur eine einfache Ursache für die Spannungen in so vielen Teilen der Welt geben, aber einer der wesentlichsten Umstände könnte sein, daß, trotz des bemerkenswerten Fortschritts in der Ausnutzung der neuen wissenschaftlichen Erkenntnisse wir Menschen nicht über genügend geistige und ethische Werte verfügen, um den neuen Gegebenheiten zu begegnen.

Äußerst notwendig ist daher die Forderung, daß wir uns bemühen, eine neue menschliche Kultur zu entwickeln, indem wir uns um ein ehrlicheres Verständnis der Menschlichkeit und eine Geistigkeit auf höherer Ebene bemühen. Wir müssen zu einer höheren Stufe der Persönlichkeit gelangen, so daß wir den heutigen hervorragenden wissenschaftlichen Leistungen gewachsen sind.

Zen bietet dem Osten eine einzigartige geistige Kultur, in hohem Maße geläutert durch seine lange Geschichte und Tradition. Ich glaube, daß Zen allgemeingültige und grundlegende Werte besitzt, so daß es zur Schaffung einer neuen geistigen Kultur in unserer Zeit beitragen kann. Der wichtigste Punkt ist aber, daß wir Zen verstehen, erfahren und es unter den verschiedensten Umständen des täglichen Daseins leben können. So bedeutungslos und bescheiden auch meine Existenz und Arbeit als Zen-Roshi sein mag, so glaube ich doch, daß sie einen Beitrag leisten kann für die unendliche Zukunft.

Vor fünf Jahren unternahm ich auf die freundliche Einladung der Hazen-Stiftung hin meine erste Vortragsreise in die Vereinigten Staaten. Seit damals hatte ich den Vorzug, bei vier verschiedenen Gelegenheiten mit Studenten und Professoren an mehreren Colleges und Universitäten zu sprechen. Bei jeder Reise, durch die wir uns immer besser kennenlernten, konnte ich die unterscheidenden und einmaligen Eigenarten östlicher und westlicher Traditionen immer klarer herausfinden. Wir sollten nicht zu schnell den Schluß ziehen, daß es nur *eine* Wahrheit gibt und daß Ost und West sich letztendlich gleichen. Doch wenn wir zu unserer wahren Menschlichkeit erwacht sind, dann werden wir erkennen, daß im Grund aller Verschiedenheiten die Urquelle liegt, die Grundlage für das Glück der ganzen Menschheit ist.

Ich bin dankbar für die unschätzbare Gelegenheit, engen Kontakt mit westlichen Menschen aufzunehmen, nicht allein um dieses oberflächlichen Kulturaustausches willen, sondern weil aus diesen Erfahrungen die bedeutungsvolle Erkenntnis gewonnen wurde, daß wir heute, in diesem augenblicklichen Zeitpunkt der Geschichte, als gleichartige Menschen leben und gemeinsam für eine neue menschliche Kultur arbeiten.

Ich möchte auch meinen Dank der Hazen-Stiftung aussprechen, mit deren Hilfe dieses Buch veröffentlicht wurde. Es enthält mehrere Essays, die zu verschiedenen Gelegenheiten geschrieben wurden. Einige sind Vorlesungen, die ich an verschiedenen Universitäten der USA hielt, einige sind Vorträge in Seminaren, wieder andere sind in leichter Prosa geschrieben. Denn ich glaube, daß Zen auch in solcher Form anspricht und erfreut. Obgleich einige Wiederholungen vorkommen, habe ich mich entschlossen, diese Beiträge in Originalform zu bringen.

Dr. Daisetz T. Suzuki überredete mich vor fünf Jahren zu meiner ersten Reise ins Ausland. Ich fühle mich besonders geehrt, daß dieses Buch eine Einführung von ihm enthält. Der Gedanke, daß dieses die letzte Arbeit von Dr. Suzuki am Ende seines außerordentlichen, fünfundneunzigjährigen Lebens war, bewegt mich tief. Ich hörte später, daß er am Tag nach Vollendung dieser Einführung erkrankte und am nächsten Morgen, dem 12. Juli 1966, frühzeitig verschied. Noch heute erfüllt dieser Ausdruck der tiefen Freundschaft von Dr. Suzuki und das Wunderbare der *dharma*-Verbindung mein Herz mit Dankbarkeit.

Die Freundschaft und die wohlwollenden Wünsche der verschiedenen guten Freunde sind eingeschlossen in diesem Buch. Ich hoffe aufrichtig, daß es ein wenig das wahre Verständnis zwischen Osten und Westen fördern hilft.

Zenkei Shibayama
Nanzenji-Kloster, Kyoto

Zen behauptet, eine »besondere Übermittlung ohne Schrift und völlig unabhängig von Worten« zu sein, aber es gibt Zen-Meister, die äußerst redefreudig und jeglichem Schreiben zugetan sind. Beinahe jeder bekannte Meister hat sogenannte »Aussprüche« hinterlassen (J. *goroku* oder C. *yü-lu*). Diese enthalten mehr oder weniger widersprüchliche Ausdrücke, gänzlich entgegengesetzt der gewöhnlichen logischen Ordnung menschlicher Erkenntnis. Die Meister scheinen besondere Freude zu haben, die Leser zu verwirren durch offensichtlich unvernünftige und oft belanglose Äußerungen. Aber tatsächlich entspringen diese der äußerst freundlichen und liebevollen Herzlichkeit der Meister, da sie ihren Studenten den höheren Weg zu öffnen wünschen, auf dem sie Dinge beobachten, die sie befähigen, sich aus dem verwickelten Netz der Relativität zu befreien. Durch diese Verwicklungen sinken wir tiefer und tiefer in den Abgrund intellektueller Verwirrungen und Gefühlshemmungen.

Der verehrungswürdige Zenkei Shibayama, Autor dieses Buches, ist Abt des Nanzenji-Klosters in Kyoto. Als fähiger Zen-Meister spricht und schreibt er, obwohl er weiß, daß die Blume weder spricht noch schreibt. Das vorliegende Buch ist ein Prolog, beigegeben einer Sammlung gelegentlicher Gespräche des Abtes mit seinen Studenten und allgemeiner Zuhörerschaft. Er berichtet uns hierin, was Zen ist und wie es sich ausdrückt, indem er die alten Meister frei zitiert nach dem Buch *Dento-roku* (»Die Übertragung der Lampe«). Dieses Buch, mit dem englischen Titel »The Transmission of the Lamp«, dient als gute Einführung zum Zen-Studium für Menschen im Westen.

Eine der Geschichten, die hier von Nansen (Nan-ch'üan P'u-yüan, 748-834) berichtet wird, erklärt treffend die

Haltung eines Meisters dem Leben gegenüber und gibt uns selbst heute noch ein gutes Beispiel, das uns Zen-Leben lehrt. Ich liebe diese Geschichte sehr und empfehle den Lesern, gerade diese beim Zen-Studium im Gedächtnis zu behalten.

Als Nansen auf dem Feld arbeitete und Gras mit seinen Mönchen schnitt, fragte ihn ein vorbeikommender Mönch: »Wo geht der Weg zum Nansen-Kloster?« Der Wandernde wußte natürlich nicht, daß der Mann, den er fragte, der Meister Nansen selbst war. Dieser hielt seine Sichel lässig hoch und sagte: »Ich zahlte 30 Geldmünzen dafür!«, als ob er die Frage des Mönches nicht gehört hätte. Es muß nicht betont werden, daß der Meister vom Nansen-Kloster genau wußte, was der Wanderer hören wollte, aber er wollte ihm vor allem klarmachen, daß die Beschäftigung mit Zen keine Anhäufung von abstrakten Kenntnissen ist oder Erfahrung auf den Abwegen philosophischer Gespräche bedeutet. Zen ist praktisches Leben in diesem Augenblick. Deshalb führt der Pfad zum Nansen-Kloster nicht über philosophisches Verständnis, sondern über die Wirklichkeit der Sichel in der Hand.

Wir können voraussetzen, daß der wandernde Mönch keineswegs ein Zen-Anfänger war, sondern schon über bestimmte Erfahrungen verfügte. Deshalb wollte er hören, was Nansen weiter sagen würde, und fuhr fort: »Ich habe nicht nach dem Preis deines Werkzeuges gefragt, ich wollte den Weg zu Nansen erfahren.« Erneut überging der Meister offensichtlich die Frage, zumindest im wörtlichen Sinn, und sagte: »Sie schneidet sehr gut.«

Ein Hauptmerkmal des Zen ist, daß es ganz und gar nicht mystisch, spöttisch oder argumentativ, sondern ganz praktisch, sachlich ist und fest steht auf dauerhaftem Grund. Ein anderes bemerkenswertes Kennzeichen von Zen ist, daß Zen-Menschen keine künstliche Abstufung unter sich haben und daß sie alle bei der Arbeit teilnehmen, ungeachtet ihres Alters und ob sie fortgeschritten oder Schüler sind. Meister Hyakujo (Pai-chang Huai-hai, 720-814) sagte: »Ein Tag ohne Arbeit ist ein Tag ohne Essen«, und er hielt diesen Wahlspruch streng ein.

Es gibt einige westliche Kritiken über Zen, die ausdrükken, daß der östliche Zugang zu Zen sich nicht unbedingt übertragen ließe auf den östlichen Weg des Denkens. Daher müßte der Westen seine eigene Methode haben oder entdecken, durch die Zen ihm leicht verständlich gemacht werden kann. Dies ist auf der einen Seite wahr, aber andererseits durchaus nicht. Sicher hatte der Osten, das ist China und Japan, eine lange Geschichte des Zen. »Zen« ist für beide ein gemeinsames Wort, »satori« keine fremde und unzugängliche Erfahrung. Man bildet sich deshalb ein, daß der Osten selbstverständlich in dieser Hinsicht im Vorteil ist. Für die westlichen Menschen aber ist dies nicht der Fall und man nimmt an, daß ihre Annäherung an Zen andersartig sein muß.

Oberflächlich betrachtet, mag dies vernünftig klingen. Aber tatsächlich ist Zen für den östlichen Menschen genau so fremd wie für den westlichen, wenn es uns auffordert, unsere übliche Art des Erkennens zu ändern oder umzukehren. Dies ist so zu erklären: Zen lehrt, daß die Erfahrung, die uns lehrt, ein Berg ist ein Berg, zunächst negiert werden muß – ein Berg ist kein Berg –, und erst wenn die Negation verstanden ist, erhält die Behauptung von Zen – ein Berg ist ein Berg – Wirklichkeit. Die Identität des Widerspruches liegt allem Zen-Denken zugrunde, wie sonderbar und vernunftwidrig sie dem westlichen wie dem östlichen Menschen auch erscheinen mag.

Auf jeden Fall wollen wir nicht vergessen, daß Zen immer danach strebt, uns die Wirklichkeit selbst unmittelbar erkennen zu lassen. Das bedeutet, die Wirklichkeit selbst zu sein, so daß wir mit Meister Eckehart sagen können: »Christus wird jede Minute in meiner Seele geboren«, oder: »Gottes Sein ist mein Sein«. Wir wollen dies in unserem Bewußtsein behalten, wenn wir uns bemühen, Zen zu verstehen, wie es hier der verehrungswürdige Zenkei Shibayama erklärt.

Daisetz T. Suzuki
Matsugaoka Bunko, Kamakura

Typische Merkmale des Zen

Der Buddhismus wurde vor etwa 2500 Jahren von dem indischen Heiligen Sakyamuni Buddha begründet. Im Laufe seiner langen Geschichte wurde er in verschiedenen Ländern Asiens eingeführt und entwickelte sich in jedem Land auf verschiedene Art unter dem Einfluß der jeweiligen einheimischen Kultur.

Der Buddhismus besteht, kurz erklärt, aus zwei grundlegenden Elementen. Das eine ist »das unvergleichliche, vollkommene und höchste *satori*«, das Sakyamuni Buddha nach vielen Jahren harten Suchens erlangte. Dieses wahre *satori* ist das Herz aller Buddhistischen Lehren. Es ist Leben und Geist des Buddhismus.

Das zweite Element ergibt sich aus den verschiedenen Lehren Buddhas während der neunundvierzig Jahre, die er nach dem Erlangen des *satori* noch lebte. In diesen Lehren erklärte und bewies er *satori*, das er erfahren hatte.

So gründet der Buddhismus auf der religiösen Erfahrung des Sakyamuni Buddha, auf dem *satori*, und seine Lehren sind Ausdrucksweisen und Erklärungen des *satori*-Erlebnisses.

Natürlich vereinen sich diese beiden in der Persönlichkeit Sakyamuni Buddhas und sollten nicht unabhängig voneinander betrachtet werden. Im Laufe der Zeit aber kamen einige Menschen auf den Gedanken, sie könnten *satori* durch bloßes Studium und Aufnahme verschiedener Lehren Sakyamuni Buddhas erlangen. Dies führte zur Gründung vieler Schulen und Sekten im Buddhismus.

Andererseits waren manche der Meinung, daß das Aufkommen der verschiedenen Sekten und Schulen eine Entfremdung von dem wahren Geist des Buddhismus, des *satori*, bewiese, und betonten die Notwendigkeit, die *satori*-Erfahrung des Begründers zu vermitteln, nachdem diese letzten Endes die Grundlage aller seiner Lehren sei.

Man kann Zen als eine Schule bezeichnen, die auf der unmittelbaren Übertragung der *satori*-Erfahrung als Kern aller buddhistischen Lehren gründet. Während die meisten buddhistischen Schulen auf irgendwelchen besonderen Lehren oder Sutras beruhen, die Sakyamuni hinterließ, ist Grundlage des Zen: *satori* die religiöse Erfahrung von Sakyamuni, die allen seinen Lehren und Erklärungen zweitrangige Bedeutung gibt.

Meister Eisai (1141-1215), der Zen nach Japan brachte, beschrieb die Stellung und Bedeutung des Zen in bezug zu anderen buddhistischen Schulen mit den Worten: »Es ist die Grundlage des Buddhismus und das Fundament aller Sekten und Schulen.«

Damit kennzeichnet er Zen als den wahren Geist und als Quelle des Buddhismus. Alle Schulen sind darin eingeschlossen.

Satori liegt als religiöse Grundlage der Persönlichkeit des Sakyamuni Buddhas als Buddha zugrunde, und seine Lehren sind Ausdrucksweisen, Erklärungen oder Beschreibungen des *satori*. Naturgemäß nennt sich Zen, das auf der *satori*-Erfahrung beruht, »Grundlage des Buddhismus« und betont seine alles umfassende Eigenart als Ausgangspunkt für andere buddhistische Schulen.

Aus diesem Grund kann man annehmen, daß Zen im weiten Sinn Zen an sich ist oder die Wahrheit selbst, ganz abgesehen von seiner engen sektiererhaften Deutung als eine Schule des Buddhismus. In einem solchen umfassenden Sinn betrachtet, ist Zen die Wahrheit oder das Absolute. Es ist nicht nur auf den Buddhismus beschränkt, sondern Grundlage aller Religionen und Philosophien.

Somit ist Zen nicht nur das Kernstück des Buddhismus, sondern trägt dazu bei, jede Religion oder Philosophie zu vertiefen und mit neuem Leben zu erfüllen. Es kann z. B. ein christliches oder taoistisches Zen geben, und Zen-Dar-

legungen des Christentums wie des Taoismus können bestehen.

Einst besuchte ein Engländer meinen Zen-Lehrer und
entschloß sich, unter seiner Führung zu studieren. Das
koan[1], das der Meister diesem Engländer gab, war eine bekannte Stelle aus dem Neuen Testament: »Selig sind, die
da geistlich arm sind« (Math. 5,3). Auch der Satz von Pau-
lus (2. Kor. 4,16): »...ob unser äußerlicher Mensch ver-
fällt, so wird doch der innerliche von Tag zu Tag erneu-
ert«, kann ein Zen-*koan* sein.

Nach einem Zen-Text gab der Meister Maido einem
Anhänger des Konfuzius mit Namen Kosangoku, der zu
ihm als Schüler kam, den berühmten Satz des Konfuzius
als *koan*: »Denkst du, daß ich *Es* vor dir verberge? Nichts
halte ich von dir fern.« Ein anderer berühmter Spruch des
Konfuzius: »Tao – nichts anderes als Einheit durch und
durch«, gilt heute als Zen-*koan*.

Dr. Daisetz T. Suzuki brachte in seinem Essay »Kabirs
Zen« ein Gedicht von Kabir, dem indischen Mystiker aus
dem 15. Jahrhundert. Ich erinnere mich noch an einige wenige Zeilen: »Nur ein Wort. Es kann kein zweites geben.
Aber mit diesem Einen Wort hast du alle Begrenzungen
von mir genommen.«

Mich beschäftigten diese Zeilen, weil sie fast genau ein
Zen-*mondo*[2] wiedergeben: »Ein Mönch fragte Meister
Seppo: ›Was ist das Erste Wort?‹ Der Meister schwieg. Da
ging der Mönch zu einem anderen, zu Chosho, und fragte
ihn das gleiche. Dieser antwortete ihm: ›Du bist schon der
Mensch des zweiten Wortes‹.«

Aufgrund seiner übernatürlichen und zugleich grundlegenden Natur kann Zen in jedem Bereich menschlicher

---

1 Ein *koan* ist eine scheinbar widersinnige Meditationsaufgabe, die Zen-
  Meister der Rinzai-Sekte ihren Schülern stellen, um sie zu *satori* zu führen.
2 *mondo* ist ein Zen-Gespräch, bestehend aus Frage und Antwort.

Tätigkeit verstanden werden und gültig sein. Denn es übersteigt alle sektiererischen Unterscheidungen der Religionen und Philosophien. In Japan würdigt man Zen ohne jede besondere religiöse Prägung. Von alters her waren intellektuelle Japaner aufgeschlossen für Zen, das für sie einen hohen, geläuterten kulturellen Wert besaß, nicht aber unbedingt einen religiösen Glaubensinhalt. Im Laufe von siebenhundert Jahren nach Einführung des Zen in Japan unterstützte dieses die Entwicklung einer einmaligen Kultur in Japan, die heute Zen-Kultur genannt wird. Deshalb bedeutet den Japanern Zen mehr eine Art schöpferischer kultureller Geistigkeit als eine Religionsschule.

Dank seiner übernatürlichen und zugleich grundlegenden Natur wird Zen von keiner festgelegten Idee oder von Gewohnheiten beschränkt, sondern drückt sich freizügig aus, indem es Worte und Ideen schöpferisch anwendet. Hier mag sich eine bedeutungsvolle Richtlinie für die zukünftige kulturelle Entwicklung von Ost und West abzeichnen.

Ich meine dies in folgender Weise: Es scheint zwei verschiedene Einstellungen zu geben, in denen wir von gegenseitigem Verständnis oder von der Einheit östlicher und westlicher Kultur sprechen. Die eine findet auf der einfachen Ebene des Austausches statt, wobei der Osten wie der Westen Geeignetes aus der Kultur des anderen Bereiches annimmt, um Fehlendes zu ergänzen und damit die eigene Kultur zu heben.

Eine andere Einstellung ist die mehr in die Tiefe gehende und grundlegende Anerkennung, durch die der Osten und der Westen ihrer einmaligen Tradition und Kultur innewerden und damit den Ausgangspunkt ihrer Verschiedenheiten herausfinden. Auf diese Weise kann ihre eigene Kultur vertieft werden und sich neuer Sinn wie neues Leben für sie aus der Wahrheit ergeben, die der ganzen Menschheit zugrunde liegt. Bei einem Austausch in diesem

Sinn kann Zen von größter Hilfe sein.

Bisher habe ich in diesem Essay versucht, die Stellung des Zen im Buddhismus zu erklären und die Rolle aufzuzeigen, die es in Religion, Philosophie und Kultur zu spielen vermag. Heute gibt es viele Japaner, die unbedingt einen Unterschied zwischen der Zen-Schule des Buddhismus und dem authentischen Zen selbst machen wollen. Sie behaupten, daß Zen im weitesten Sinn als die Wahrheit selbst von allen Menschen verstanden und angewendet werden sollte, weil Zen den Charakter des einzelnen aufbauen und verfeinern könnte.

Die vier Grundsätze

Es gibt vier Grundsätze, die von der Überlieferung her als Erklärungen der typischen Merkmale und Ideale des Zen übernommen wurden. Ich möchte nunmehr diese vier Sätze erörtern als Versuch, die Eigenarten des Zen zu klären. Ursprünglich waren es einfache chinesische Sätze:

1. Übertragung außerhalb der Schriften
2. Kein Vertrauen auf Buchstaben
3. Unmittelbarer Hinweis auf den eigenen Geist
4. Erlangen der Buddhaschaft durch unmittelbare Schau in die eigene Natur

Es ist nicht bekannt, wer zuerst diese vier Grundsätze des Zen anführte. Aber es muß in der frühen Tang-Dynastie in China gewesen sein, d. h. im siebenten Jahrhundert, als Zen allmählich von dem chinesischen Volk anerkannt wurde. Zen-Mönche, die damals den Lehren Bodhidharmas folgten, verwarfen das Vertrauen der buddhistischen Gelehrten auf die Studien der Sutras und behaupteten, daß die *satori*-Erfahrung das wahre Leben und der Geist des Buddhismus seien. Vielleicht waren es jene Mönche, die zuerst diese vier Zeilen als ihre religiösen Grundsätze anwendeten.

Übertragung außerhalb der Schriften

Es gibt im Buddhismus viele Schriften, die Sakyamuni Buddha aus verschiedenen Zeiten und an verschiedenartigen Orten während seines Lebens hinterließ. Im Laufe der Geschichte wurden viele buddhistische Schulen errichtet, die auf bestimmten Schriften aufbauten. Mit der Zeit befaßten sich die Gelehrten mit diesen Schriften, und man konnte beobachten, daß diese bestrebt waren, den metaphysischen oder philosophischen Deutungen der Sutras zu viel Bedeutung beizumessen.

Die Schriften waren ursprünglich Aufzeichnungen, die das *satori*-Erlebnis zu erklären suchten, das Sakyamuni Buddha erlangt hatte. Deshalb kann auch nur die *satori*-Erfahrung diesen Schriften Leben geben. Es ist unmöglich, *satori* durch Lesen der Sutras in wissenschaftlichem Sinn zu empfangen. Sobald eine Erfahrung erst einmal in einer begrifflichen Form ausgedrückt wird, nimmt sie eine eigene Objektivität an, die unabhängig von ihr behandelt werden kann. So entsteht die Gefahr eines Mißverständnisses, das den Begriff an die Stelle der tatsächlichen Erfahrung setzt. Sie selbst aber wird vergessen und erstarrt letztendlich. Zen steht kategorisch einer solchen Tendenz entgegen und warnt ernsthaft, daß wir uns nicht an irgendeine der Schriften binden, die leicht zu leblosen Aufzeichnungen werden.

Im *Dento-roku* (»Die Übertragung der Lampe«) steht folgendes *mondo*: Ein gelehrter Mönch, der als guter Kommentator der Sutras bekannt war, kam eines Tages zu dem Zen-Meister Enkan. Dieser fragte den Besucher: »Welche Sutras möchtest du mir kommentieren?« – »Ich möchte eine Vorlesung über die Kegon-Sutra halten«, antwortete der Mönch. Nun fragte ihn Enkan: »Wieviel *dharma*-Welten werden in dieser Sutra erwähnt?« Voller Stolz antwortete der Mönch: »Vier Arten von *dharma*-Welten werden darin erwähnt!« Und er fuhr fort, beredsam über Kegons Philosophie zu sprechen. Schweigend hörte Enkan zu. Als der gelehrte Mönch seine Rede beendet hatte, hob Enkan einen Fächer empor, den er in der Hand hielt, und fragte: »Zu welcher *dharma*-Welt gehört *der*?« Der gelehrte Mönch brachte nicht ein Wort mehr hervor. Da fuhr Enkan fort: »Deine Weisheit ist überhaupt von keinem

Nutzen, meinst du nicht auch? Sie ist wie eine kleine Lampe unter der strahlenden Sonne, deren Licht man nicht sieht.«

Ein anderes Beispiel steht in dem *Hekigan-roku* (»Bericht vom Blauen Felsen«): Es lebte einst in China ein Kaiser mit Namen Bu-tei, der ein ernsthafter Buddha-Anhänger war. Er lud einen berühmten Zen-Meister – Fudaishi – in seinen Palast ein und bat ihn um eine Vorlesung über die Diamant-Prajna-Sutra. Der Kaiser und die ganze hochgestellte Zuhörerschaft warteten im Saal auf Fudaishis erbauende Vorlesung.

Voll Ruhe ging Fudaishi zum Lesepult hinauf. Mit einem Stock, den er in der Hand hielt, schlug er auf den Tisch vor sich und ging dann, ohne ein Wort zu sagen, wieder von der Rednertribüne hinunter. Der Kaiser und seine Zuhörerschaft waren empört, aber unter ihnen saß ein Philosoph mit Namen Shiko. Dieser erklärte: »Eure Majestät, die Vorlesung über die Diamant-Prajna-Sutra ist beendet.«

Wenn ich dem guten Beispiel der alten Meister folgen und auf den Tisch schlagen würde, anstatt diesen Essay über die Merkmale des Zen zu schreiben, dann wäre dies eine wirklich ideale Zen-Beweisführung. Jedenfalls versuchen Zen-Meister stets, uns zum Verständnis zu führen, daß im Angesicht wirklicher Erkenntnis die Begriffe – wie groß auch begriffliche Erfahrung und Verständnis sein mögen – Schneeflocken gleichen, die auf ein brennendes Feuer fallen.

Kein Vertrauen auf Buchstaben

Wirkliches Leben und wahrer Geist des Zen gehören zur Wirklichkeit der Erfahrung. Sie beruhen nicht auf Buchstaben, d. h. auf geschriebenen oder mündlichen Formulierungen innerhalb der dualistischen Begrenzungen. Schon von den ersten Anfängen des menschlichen Selbstbewußtseins an haben die Menschen den Fehler gemacht, erlebte Tatsachen und ihre schriftlichen Formulierungen, die nur greifbare Schatten des wirklichen Geschehens sind, miteinander zu verwechseln. Wir neigen zu der Annahme, daß die Erfahrung an sich in Buchstaben und Worten enthalten ist. Zen, das darauf besteht, daß unmittelbare ursprüngliche Erfahrung grundlegend ist, betrachtet Buchstaben und wörtliche Formulierungen als weniger bedeutend.

Meister Eisai erklärt von diesem Standpunkt aus: »In bejahendem Sinn sind alle Sutras Zen-Erfahrungen. Negativ gesprochen, gibt es kein Wort, das Zen auszudrücken vermag.« Der bejahende Standpunkt ist hier zugleich der negative, und beide weisen auf nichts anderes hin als auf die Wahrheit an sich.

Es wird im *Dento-roku* (»Die Übertragung der Lampe«) folgendes *mondo* erzählt: Es lebte einst ein Zen-Meister mit Namen Sekito (700-790), zu dem viele Mönche kamen, um von ihm belehrt zu werden. Sekito aber gab ihnen keinerlei Vorlesungen. Endlich verloren die Mönche die Geduld und bedrängten eines Tages den Meister, er solle zu ihnen reden.

Zu ihrem Erstaunen stimmte diesmal Sekito ohne jeden Vorbehalt zu und befahl dem diensthabenden Mönch, die Glocke zu läuten als Zeichen, daß eine Vorlesung gehalten würde. Alle Mönche versammelten sich in der Halle. Voll Ruhe ging der Meister zum Rednerpult hinauf und sagte: »Für die Erklärung der Sutras gibt es Sutra-Gelehrte, für philosophische Erklärungen gibt es Philosophen. Ich aber bin ein Zen-Meister, und dies solltet ihr wohl bedenken.« Nach diesen Worten stieg er von der Rednertribüne herunter und ging in sein Zimmer zurück.

Offensichtlich baten die Mönche den Meister, er möge zu ihnen reden, weil sie die wahre Zen-Erklärung des Buddhismus kennenlernen wollten. Ihr Lehrer Sekito wußte wohl, was die Schüler von ihm erwarteten. Wenn er gewollt hätte, dann hätte er ihnen eine gute philosophische Deutung der buddhistischen Grundsätze geben können. Aber er war ein guter Zen-Meister und wußte zu genau, wie nutzlos diese Methode sein würde. Deshalb drückte er seine Belehrung durch unmittelbares Tun aus.

Für einen Zen-Schüler kann es keine bessere Beweisführung für die Wahrheit geben und keine aufrichtigere Belehrung. Wir sind im allgemeinen zu stark an logische Erklärungen gewöhnt. So genau und ins einzelne gehend auch solche Erklärungen sein mögen, sie drehen sich trotz allem im Kreis und berühren niemals die Erfahrung selbst.

Meister Tokusan war ein viel strengerer Zen-Lehrer. Einst kam ein Mönch zu ihm. Nach buddhistischer Sitte verbeugte er sich tief vor dem Meister, bevor er seine Frage stellte. Doch ehe er seine Verbeugung beendet hatte, gab ihm Tokusan einen Schlag mit dem Stock. Der Mönch verstand dies nicht und sagte zum Meister: »Ich habe mich erst vor dir verneigt und noch keine Frage gestellt. Warum hast du mich geschlagen?« – »Es hat keinen Sinn zu warten, bis du zu reden beginnst«, antwortete Tokusan. Eine solche rigorose Ablehnung von Worten zeigt uns, wie ernsthaft Zen auf die Erfahrung selbst Wert legt.

Wie können wir dann zu der unmittelbaren Erfahrung der grundlegenden Wahrheit an sich kommen? Die nächsten zwei Grundsätze geben die Antwort: Unmittelbarer Hinweis auf den eigenen Geist und Erlangen der Buddhaschaft durch Schau in die eigene Natur.

Unmittelbarer Hinweis auf den eigenen Geist

Zen lehrt hier, daß wir – wollen wir die Wahrheit, die Wirklichkeit selbst, erfahren – ein für alle Male aus der

Sackgasse des dualistischen menschlichen Denkens herausfinden müssen.

Das Wort »Geist« (mind) wird in solchem Zusammenhang für die grundlegende absolute Wahrheit angewendet. »Geist« bezieht sich dann nicht auf Denken und Fühlen, auch nicht auf die Psychologie des Menschen, die Gegenstand wissenschaftlicher Untersuchung ist. »Geist« bedeutet auch nicht Bewußtsein oder Seele im psychiatrischen Sinn. Wenn wir alle diese Begriffe übersteigen, sie fortwischen und ihre Begrenzungen zurücklassen, dann werden wir zum ersten Mal den »Geist« erreichen, der auch Buddha- oder Absoluter Geist genannt wird, Geistigkeit oder Wahrheit.

»Unmittelbar hinweisen« heißt, alle festgefahrenen Ideen fortwerfen und eins sein mit der Wirklichkeit, der Wahrheit selbst ohne irgendeinen Zwischenträger.

Als Zen-Meister Sekito noch Mönche schulte, ging er einmal zu einem Berg, um dort mit seinen Mönchsbrüdern zu arbeiten. Sie kamen auf einen Bergpfad und konnten nicht weiter. Ein Dickicht von Reben und Kletterpflanzen hinderte sie daran. Der Mönch, der die Gruppe führte, drehte sich plötzlich zu Sekito um und sagte: »Überall sind Kletterpflanzen, so daß wir nicht weitergehen können. Bitte gib mir dein großes Messer.« Sekito zog es aus der Scheide und richtete die scharfe Klinge wortlos gegen ihn. Der Mönch erschrak, zog seine Hand zurück und rief: »Laß diesen Unsinn und gib mir den Griff.« Sekitos Antwort war schärfer als die Schneide des Messers: »Wozu soll dir der Griff nutzen?« Der Mönch konnte kein Wort mehr hervorbringen.

Wir sind geneigt, den Griff in der Hand zu halten, der nur zweitrangige Bedeutung hat. Dabei verfehlen wir die ganze Wahrheit. Sekito treibt uns dazu, unmittelbar die grundlegende Wahrheit zu erfassen. Das ist die Wahrheit des unmittelbaren Hinweises.

Erlangen der Buddhaschaft durch unmittelbare Schau in die eigene Natur

Dies ist ein sehr bedeutsamer Grundsatz, der das Ziel des Zen aufzeigt. Zuerst möchte ich die wörtliche Erklärung des Satzes geben:

»Natur«, wie hier gebraucht, ist nicht etwas, das man nach der Geburt sich erwirbt, sondern ist die innewohnende Natur, mit der man ursprünglich geboren wird. Es ist die absolute Natur an der Quelle des Seins.

Zen sagt nicht, daß man diese absolute, zugrundeliegende Natur »kennen« muß, sondern daß man in die Natur »hineinschauen« soll. Hierin liegt ein einzigartiges Merkmal des Zen. Die Natur weist auf die religiöse Wirklichkeit hin, die ohne Gestalt ist. Zen benutzt lieber einen solchen konkreten Ausdruck wie »schauen« als die intellektuelle Formulierung »kennen«. Dadurch erhebt es den Anspruch, daß jeder als Ausgangspunkt das Geschehen tatsächlich erfahren haben muß und nicht nur das Wissen, die Idee oder den Begriff davon hat.

Die religiöse Erfahrung der »Schau in die eigene Natur« wird im Japanischen *kensho* genannt. Sie entwickelt die religiöse Persönlichkeit. Nach christlicher Terminologie erlöst uns Gott, nach buddhistischer »erlangt man die Buddhaschaft«. Der vierte Grundsatz kann also in folgender Weise umschrieben werden: »Durch religiöse Erfahrung wird die eigene Buddhaschaft erreicht.«

Das Wort »Buddha« wird nach heutigem Verständnis häufig so gedeutet, als handle es sich um ein absolutes und transzendentes Wesen außerhalb von uns. Hier aber wird die Bezeichnung »Buddha« im ursprünglichen Sinn der Sanskrit-Bedeutung als »Erleuchteter« genommen. Dies ist ein allgemein gebräuchliches Hauptwort, das auch im Plural angewendet werden kann. Es bezieht sich nicht auf ein allmächtiges absolutes Wesen außerhalb von uns selbst, sondern auf ein menschliches Sein.

Hakuins »Preisgesang von Zazen« bringt den Ausdruck Buddha in der ersten Zeile, wo es heißt: »Alle Geschöpfe sind im Grunde Buddhas.« Hier wird dieses Wort in der gleichen Bedeutung benutzt, und man kann in diesem Essay meine Erläuterung des Ausdrucks Buddha lesen.

Die beiden letzten Grundsätze »Unmittelbarer Hinweis auf den eigenen Geist« und »Erlangen der Buddhaschaft durch Schau in die eigene Natur« können zusammengefaßt heißen: Zen lehrt uns, die dualistische Unterscheidung unseres gewöhnlichen Bewußtseins zu überschreiten und tatsächlich wie unmittelbar eins zu werden mit der wahren Natur. Zen verlangt, daß man sein geistiges Auge der neuen Schau öffnet und als neuer Mensch erwacht.

Theoretische Darlegung ist einem ausgestopften Löwen zu vergleichen, der wie ein Löwe aussieht, aber kein wirklicher, lebendiger mehr ist. Zen-Meister werden nie müde im »unmittelbaren Hinweis auf den eigenen Geist«. Das heißt, sie vermitteln ihren Schülern stets lebendige religiöse Erfahrungen.

Im *Dento-roku* steht ein *mondo* aus der chinesischen Tang-Dynastie: Der berühmte Zen-Meister Yakusan (750-834) war damals noch ein Mönch-Schüler. Einmal besuchte er Meister Sekito und fragte ihn: »Ich habe gehört, daß seit kurzem Menschen im Süden über das ›unmittelbare Hinweisen auf den eigenen Geist und die Erlangung der Buddhaschaft durch Schau in die eigene Natur‹ sprechen. Was mag das bedeuten?« – »Weder Bejahung noch Verneinung erreichen etwas«, war die Antwort von Sekito. »Beide verfehlen *Es* vollkommen.«

Yakusan wußte überhaupt nicht, wie er diese Antwort verstehen sollte. Als er Sekito weitere Fragen stellte, gab ihm dieser den Rat, einen anderen Meister aufzusuchen, und zwar Baso, der im Westen lebte. Yakusan begab sich, diesem Rat folgend, auf die weite Reise und stellte Baso die gleiche Frage. Dieser gab ihm eine ganz unerwartete Antwort: »Wie du siehst, erhebe ich manchmal meine Augenbrauen, und manchmal rolle ich meine Augen. Bisweilen ist das gut und wird bejaht, bisweilen ist es schlecht und wird negiert.« Zum Glück konnte Yakusan auf diese Belehrung hin die Wahrheit durchschauen.

Dieses *mondo* zeigt uns, mit wieviel Härte Zen-Meister versuchen, unser unterscheidendes Bewußtsein und alle intellektuelle Beurteilung auszuschalten, die uns die Wirklichkeit nur versklaven. Diese echten Zen-Meister weisen unmittelbar auf die Absolute Wahrheit hin und versuchen ihren Schülern Gelegenheiten zu bieten, die unmittelbar und konkret zum Erwachen des wahren Selbst führen. Auch dies ist wieder ein einzigartiges Merkmal des Zen.

Ich habe wiederholt das Fortwerfen oder Überschreiten dualistischer Erkenntnis erwähnt. Dies geschah, weil die Wirklichkeit der Erfahrung im Zen von lebenswichtiger Bedeutung ist. Ich behaupte aber nicht, daß intellektuelle Annäherungen unwesentlich sind. Genaue Kenntnis und zutreffende Beurteilungen können zu einem gegenseitigen Verständnis zwischen den Menschen des Ostens und des Westens führen und dazu beitragen, eine neue Kultur zu entwickeln. Zen als Religion ist ausschließlich eine Religion der menschlichen Selbstverwirklichung oder des Selbst-Erwachens. Die Menschen werden gelehrt, *satori* zu erlangen und als neue Menschen des *satori* ein neues Leben in dieser Welt zu führen. Zen verlangt, daß man von sich aus diese innere Umkehrung verwirklicht, und betont, daß man seine Zen-Persönlichkeit aus eigener Kraft erlangen kann, wenn man sein Inneres erforscht und sich nicht auf irgend etwas Äußerliches verläßt. Zen erklärt, daß der Mensch die Möglichkeit besitzt, *satori* zu erlangen. Dies möge eine freudige Botschaft für die Menschen sein.

Dennoch ist es für niemanden leicht, die Kette der Unwissenheit und der dualistischen Unterscheidung auf einmal zu zerreißen. Dies verlangt einen sehr starken Willen und ein entschlossenes Suchen nach dem wahren Selbst. Harte Schulung wird hier im Zen gefordert, und man darf niemals Zuflucht nehmen zu einer schnellen und bequemen Methode. Ich werde deshalb im nächsten Kapitel auf die »Zen-Schulung« eingehen.

Zen-Schulung

Zen ist der Weg der vollkommenen Selbstverwirklichung. Ein Mensch, der dem Zen-Weg folgt, kann *satori* erlangen und dann ein neues Leben als ein Buddha, das heißt, als ein Erleuchteter führen. Der Zen-Schüler fragt nicht nach irgendeiner äußeren Hilfe, auch verläßt er sich auf nichts anderes als auf sich selbst, wenn er die ideale Zen-Persönlichkeit werden will.

Zen hat demnach die menschliche Natur zur Grundlage und ist in diesem Sinn vollkommen rational. Auf der anderen Seite wird Zen durch seine Behauptung, daß *satori*-Erfahrung von äußerster Wichtigkeit sei, zeitweilig eine mystische Religion genannt. Wenn auch das Wort Mystik gebraucht wird, so ist Zen doch kein Mystizismus im gewöhnlichen Sinn, da seine Verwirklichung oder die Erfahrung des Erwachens Ergebnis langjähriger Schulung sind. Diese Schulung ist notwendig, um die Wahrheit der Selbst-Natur zu bezeugen.

In der Einführung zum *Mumonkan* (»Das Torlose Tor«), einem der bedeutendsten Zen-Texte, steht ein berühmter Satz: »Das Große Tao hat kein Tor. Es gibt unendlich viele Wege, es zu erreichen.« Vom ursprünglichen Standpunkt des Zen aus müssen wir nicht dem traditionellen Beispiel der Schulung auf dem Wege zum Zen folgen. Das Große Tao hat kein Tor. Es gibt keine feststehenden Regeln oder Vorgänge, die beim Studium des Zen beachtet werden müssen. Dies ist ein einzigartiges Merkmal des Zen. Es ermöglicht uns den freien Zugang von allen Richtungen aus. Hierzu eine wichtige Erzählung, die in einem Zen-Text steht:

Ein junger Mönch, Kyosho, kam zu dem Zen-Meister Gensha (831-908), um bei ihm zu lernen. Er sprach zu dem Meister: »Ich bin hierher gekommen auf der Suche nach der Wahrheit. Wo kann ich mit der Einführung in Zen beginnen?« Hierauf stellte Gensha die Frage: »Kannst du das Murmeln des Bergflusses hören?« – »Ja, Meister, ich kann es hören.« Da antwortete der Meister: »Dann tritt von da aus in Zen ein.«

Einige Zeit später erzählte ein Laienschüler, Kyo, diese Geschichte dem Meister An aus Sengan und meinte: »Weil Kyosho die Antwort gab, daß er das Murmeln des Bergflusses hören *könne*, als Gensha ihn danach fragte, konnte dieser ihn anweisen, von dort aus den Zen-Weg zu gehen. Hätte Kyosho dagegen gesagt, er könne ihn *nicht* hören, wie hätte ihn dann Meister Gensha belehrt?« Da rief der Meister ganz plötzlich: »Herr Kyo!« Dieser antwortete: »Ja, Meister.« – »Gehe von *dort* aus in Zen ein.« So völlig frei war der Meister bei allen Gelegenheiten.

In Wahrheit hat das Große Tao kein Tor, und der Weg zu Zen ist überall offen. Dennoch können nur diejenigen, die Zen wirklich erfahren haben, dieses erklären. Wer noch nicht zur Wahrheit erwacht ist, sollte und kann auch nicht behaupten, er käme auf eine leichte Weise in Einklang mit Zen. Denn wir leben im allgemeinen unter einer Vielfalt von ungünstigen Verhältnissen, die uns daran hindern, die Augen der Wahrheit zu öffnen und eine religiöse Erfahrung zu erlangen.

Die Menschen haben eine höchst verfeinerte Kultur entwickelt, in der sie mit allen Arten von Wünschen leben. Die religiöse Sehnsucht oder geistige Suche nach dem Ewigen ist Ausdruck eines edlen menschlichen Anliegens. Dies ist eine allein menschliche Frage, eine Sehnsucht, die dem menschlichen Sein zugrunde liegt. Sobald der Mensch dieses Verlangen oder die geistige Sehnsucht empfindet, wird er naturgemäß versuchen, sie zu befriedigen. Eine mögliche Methode, das Geistige zu erforschen, ist das Befolgen religiöser Übungen.

Zen, vor allem Rinzai-Zen, betont die vordringliche Bedeutung der religiösen Erfahrung, die das geistige Sehnen des Menschen zu stillen vermag, und behauptet, daß das Wesen der Religion in der religiösen Erfahrung liegt. Die frühen Zen-Meister kannten keine festgelegten Schulungsmethoden, sondern mußten durch geistige Finsternis hindurchgehen, der dann der Augenblick des religiösen Erwachens folgte. Sie waren geniale Menschen im religiösen Bereich, die aus eigener Kraft *satori* erlangen konnten.

Tokusan Sengan (782-865) zum Beispiel durchschritt einen typischen Prozeß der Suche und Schulung zu einer Zeit, in der die Methoden und Disziplinen der Zen-Schulung noch nicht ausgearbeitet waren. Er war hochgebildet. Deshalb ist seine Suche nach Zen bedeutsam und beispielhaft.

Tokusan lebte im nordwestlichen Berggebiet von China. Dort betrieb er eine Zeitlang akademische Studien über den Buddhismus. Er wurde zu einer Autorität in der Auslegung der Diamant-Sutra und erwarb sich öffentliche Anerkennung durch seine Gelehrsamkeit. Eines Tages hörte er, daß im Süden Chinas Zen-Buddhisten Einfluß gewannen und die »Übertragung ohne Schriften und ohne Verlaß auf Buchstaben« lehrten. Eine solche Lehre mußte ein Wissenschaftler entrüstet ablehnen. In seinem Stolz und dem Vertrauen auf seine Fähigkeiten als buddhistischer Philosoph erklärte Tokusan: »Ich werde die Zen-Teufel aus ihrer Höhle treiben und sie ausrotten.« Damit machte sich der Verteidiger der Diamant-Sutra auf die Reise nach dem Süden. Alle Aufzeichnungen und Berichte seines langen Studiums der Diamant-Sutra nahm er mit.

Irgendwie kann ein Mensch nicht ganz befriedigt werden durch intellektuelle Erkenntnisse und Wissen allein. In der Tiefe seines Wesens fühlt er, daß etwas ihm fehlt. Diese tiefinnere Suche nennt man wahres religiöses Verlangen. Tokusan unternahm tatsächlich hier schon den ersten

Schritt in seiner religiösen Schulung. Inneres Drängen oder Suchen ist dafür notwendig.

Zuerst faßte Tokusan den Entschluß, nach Ryotan in Zentralchina zu gehen. Der berühmte Zen-Meister Soshin lebte dort in einer Bergeinsamkeit. Auf dem Wege fand er am Fuß des Berges ein Teehaus und wollte dort vor dem Aufstieg einen Imbiß zu sich nehmen. Er bestellte die Mahlzeit im Teehaus bei einer alten Frau. Nun bedeutet Imbiß auf chinesisch *tenjin*, wörtlich »Erleuchtung des Geistes«.

Anscheinend war die alte Frau kein alltäglicher Mensch. Sie fragte Tokusan, was er in seiner Schultertasche trüge. »Ich habe darin eine höchst wertvolle Sutra, die Diamant-Sutra genannt«, war die Antwort. Da veränderte sich die Haltung der Frau: »Wenn dies der Fall ist, dann muß ich dir eine Frage stellen. Falls du sie mir beantworten kannst, will ich dir ein Mittagessen geben. Vermagst du mir aber nicht eine befriedigende Antwort zu geben, dann mußt du, so leid es mir tut, ohne Imbiß weitergehen.«

Tokusan, als stolzer, selbstsicherer Gelehrter, antwortete: »Gut, du kannst mich alles fragen.« Und die Frau fuhr fort: »Es steht in der Diamant-Sutra geschrieben: ›Der vergangene Geist ist unerreichbar, der gegenwärtige Geist ist nicht zu erreichen, und der zukünftige Geist ist ebenso unerreichbar.‹ Du sagst, daß du deinen Geist erleuchten willst. Welchem willst du die Erleuchtung geben?«

Tokusan war nicht fähig, die Frage der alten Frau zu beantworten. »Die drei unerreichbaren Geisteszustände« ist eine berühmte Stelle in der Diamant-Sutra, in der die *satori*-Erfahrung in Beziehung zur Zeit aufgegriffen wird. Mit anderen Worten wird dort die religiöse oder innere Zeit im Gegensatz zur physikalischen Zeit erörtert. Als kundiger Gelehrter konnte Tokusan die Unerreichbarkeit der drei Geisteszustände von einem intellektuellen oder philosophischen Standpunkt aus wohl erklären, aber die alte Frau fragte nicht nach einer logischen Erklärung *über* diese Zustände. Sie wollte die Wahrheit der »drei unerreichbaren Geisteszustände« in dem tatsächlichen Geschehen eines Mittagessens erblicken. Ihre Frage war zweifellos von einem anderen Gesichtspunkt aus gestellt.

Diese Frage der alten Frau half, Tokusans religiöses Verlangen oder die geistige Sehnsucht, die unbemerkt in ihm erwachsen war, zu erwecken. Das ernsthafte menschliche Streben nach Glück ist nicht immer nach außen auf das wissenschaftliche Gebiet gerichtet. Es kann auch nach innen geführt werden zu einer solchen bedeutsamen religiösen Suche hin.

Tokusan mußte zugestehen, daß er nicht fähig war, eine Antwort zu geben. Auf den Rat der alten Frau des Teehauses entschloß er sich, bei Meister Ryotan Zen zu lernen. Es ist nicht bekannt, wie lange er dies tat oder durch welche inneren Forschungsprozesse er hindurchging. Sicher aber wird sein geistiges Suchen, das in seinem Inneren erwacht war, ihn zum Äußersten getrieben haben. Im Westen soll es das Sprichwort geben: »Die äußerste Not des Menschen ist Gottes Gelegenheit.« Zu dieser äußersten Lage wird Tokusan gedrängt worden sein.

Einmal verbrachten Meister Ryotan und Tokusan den Abend miteinander. »Es wird dunkel«, sagte Ryotan. »Du solltest besser nach Hause gehen.« Tokusan verabschiedete sich mit einem »Gute Nacht« vom Meister und ging hinaus. Er kam aber wieder zurück mit den Worten: »Es ist draußen so dunkel.« Da zündete der Meister eine Kerze an, um sie Tokusan zu geben. Als Tokusan seine Hand ausstreckte, um die Kerze zu ergreifen, blies Ryotan die Flamme mit aller Heftigkeit aus. In diesem Augenblick fand Tokusan plötzlich seine Erweckung. Die Chronik berichtet, daß »er erwachte und sich vor dem Meister verbeugte«.

Am höchsten Punkt des Nicht-Bewußtseins, des Nicht-

Selbstseins, wo es weder Himmel noch Erde gibt, ereignete sich ganz plötzlich der Augenblick des Durchbruchs durch dieses Nicht-Bewußtsein. Er erwachte zu neuem Leben als das Große Selbst des Nicht-Selbstseins. Zu neuem Leben erwachen, bedeutet im Zen diese im Inneren aufgehende Erfahrung. Die Überlieferung bezeichnet sie als *kensho*, oder noch einfacher als *satori*. Man kann sie auch das Öffnen des geistigen Auges oder die Entdeckung des Wahren Selbst nennen.

Tokusan war nicht mehr der gelehrte Mönch, der er bis zu diesem Tag gewesen war. Am nächsten Morgen nahm er alle seine Berichte und Aufzeichnungen über die Diamant-Sutra, die er mitgebracht hatte, verbrannte sie vor dem Kloster und erklärte: »Alles Wissen oder Lernen ist, verglichen mit der Tiefe der Erfahrung, wie ein Tropfen Wasser, der ins Meer fällt.« Tokusan, der Kommentator der Sutra, erwachte zu neuem Leben als Zen-Meister Tokusan.

Nach den Zen-Aufzeichnungen haben alle Meister früherer Zeiten *satori* aus eigener Kraft erlangt, indem sie durch einen einzigartigen, persönlichen Schulungsprozeß hindurchgingen. Wenn wir dagegen versuchen, die Stufen der geistigen Entwicklung dieser Meister zu überblicken, dann finden wir mehr oder weniger ähnliche Züge. Tokusans Erfahrung ist ein typisches Beispiel: Zu Beginn eine äußerst intensive religiöse Sehnsucht, dann eine harte willensstarke Suche und Zucht, denen geistige Krisen oder das Gefühl abgrundtiefer Verlorenheit folgen; endlich die Erfahrung des Augenblickes des Erwachens. Dies sind die inneren Vorgänge, die die Zen-Meister durchleben.

Ursprünglich folgten der Zen-Schulung individuelle Weisen der Entwicklung. Unser gewöhnliches Leben ist so vielschichtig, daß es nicht für jeden von uns möglich ist, einen solchen echten inneren Prozeß religiöser Suche zu durchlaufen, wie es die großen Zen-Meister taten. Diese suchten deshalb nach hilfreichen Mitteln und Wegen, um aufgrund ihrer eigenen Schulungen den Schülern späterer Generationen, die nach der Wahrheit verlangten, zu helfen. So entstand im Lauf der Zeit ein Vorbild der Zen-Schulung in der Art, wie sie heute besteht und in allen Zen-Klöstern Japans überliefert wird. Unbedingt erforderlich für die Zen-Schulung eines Mönches sind die drei folgenden Bedingungen:

1. Fester Glaube und Verantwortung, wenn man sich zur Schulung verpflichtet
2. Willensstärke in der Weiterführung der Schulung bei strenger Zucht
3. Großer Zweifel – Geistige Suche, Voraussetzung für prajna – wahre Weisheit –, die Grundlage der Suche nach Wahrheit

Wenn eine der drei Vorbedingungen fehlt, ist es für den Mönch unmöglich, seine Zen-Schulung erfolgreich zu beenden. Werden aber diese drei Forderungen Tag und Nacht erfüllt, dann wird der Mönch ermutigt, seine Schulung weiter durchzuführen.

Unter diesen geistigen Bedingungen findet die Schulung der Mönche statt. Sie üben *zazen* (Zen-Meditation) und halten *sanzen* (persönliche Aussprache).

Es gibt Soto-Zen und Rinzai-Zen. Wege und Methoden der Schulung sind bei beiden ein wenig verschieden. Als Rinzai-Zen-Meister spreche ich hier über die Rinzai-Zen-Schulung.

Regelmäßig üben die Mönche täglich am Morgen und am Abend mehrere Stunden lang *zazen*. Sie verrichten aber auch verschiedenste Arbeiten während des Tages, da ein Kloster sich selbst erhalten muß.

Einmal in jedem Monat findet eine besondere Schulungs-Periode statt, die eine Woche dauert. Diese wird im

Japanischen *sesshin* genannt. Während der *sesshin*-Periode üben die Mönche ausschließlich *zazen*. Zu diesem regelmäßigen monatlichen *sesshin* kommt Anfang Dezember eine besondere, höchst intensive Schulungs-Periode hinzu als Erinnerung an Sakyamuni Buddhas Erlangen des *satori*. Bei diesem größten *sesshin* gilt eine Woche wie ein Tag. Das heißt, *zazen* wird eine Woche lang geübt, ohne daß sich die Mönche zum Schlafen ins Bett legen. Es ist ihnen aber erlaubt, einige Stunden in der Nacht schlafend in der Sitzhaltung zu verbringen.

Eine solche strenge *zazen*-Übung bedeutet nicht einfach das Einnehmen einer ruhigen Haltung im vollkommenen Lotussitz; es kommt noch das Vermeiden jeder körperlicher Bewegung hinzu. Alle Gedanken und das Bewußtsein seiner selbst sind fortzuwerfen. Der Mönch muß sich tatsächlich in einem Zustand des Nicht-Gedankens, des Nicht-Bewußtseins und der Nicht-Form befinden, in dem es weder das Selbst gibt, das den Sitz einnimmt, noch die Erde, die ihm Halt gibt.

Zen-Meister vergangener Zeiten beschreiben einen solchen Zustand des Nicht-Gedankens als »Vollkommene Finsternis allüberall«, oder als »Eingesperrtsein in eine Eishöhle von zehntausend Meter Dicke«. Mit anderen Worten: Man muß das wahre Selbst werden oder die wahre unverfälschte absolute Subjektivität, die nicht mehr objektiviert werden kann.

Es mag leicht sein, über die harte Schulung eines anderen zu sprechen und seine seelische Entwicklung bei dieser Ausbildung zu beschreiben. Aber es ist für jeden äußerst schwierig, tatsächlich durch eine solche Schulung hindurchzugehen. Man muß bereit sein, das Leben aufs Spiel zu setzen, und selbst dann noch kann man *satori* verfehlen. Zen wurde aus diesem Grund seit alters her als Weg für nur eine Handvoll genialer Menschen beschrieben.

Hakuin, der Autor des »Preisgesangs von Zazen«, war

ein Zen-Meister, der selbst harte Schulungen hatte bestehen müssen. Nach seinen Worten gleicht der Zen-Schüler
einem Bergsteiger, der seinen Halt beim Besteigen eines
steilen Felsabhanges verloren hat. Sein Leben hängt jetzt
nur noch an einer einzigen Weinranke, an die er sich mit
aller Kraft klammert. Hakuin verlangt daß er auch diese
noch losläßt, mit anderen Worten: daß er einmal dem Tod
begegnet.

Wenn Zen von Nicht-Bewußtsein oder Nicht-Selbst
spricht, so bezieht sich das nicht auf eine Idee und führt
nicht zu begrifflich faßbaren Spekulationen. Nicht-Bewußtsein muß jeder einzelne als Wirklichkeit erfahren.
Das ist nicht einfach zu erreichen. Wenn man auf der Suche nachläßt, weil der Weg zu schwer ist, dann wird niemals die Zeit kommen, das geistige Auge einer neuen Welt
zu öffnen. Deshalb wird im Kloster eine Schulung ange-
wandt, die den Übungen der Mönche nachhelfen soll. Dabei werden *koan* und *sanzen* benutzt.

Ohne ausführliche Beschreibung eines *koan* zu geben,
möchte ich dieses kurzumschriebene eine Aussage von Zen-
Meistern über ihre eigene Zen-Erfahrung nennen. Diese
Reden und Ausdrücke klingen so irrational, daß unser gewöhnliches dualistisches Urteilsvermögen sie unmöglich
zu deuten vermag. Es heißt zum Beispiel:

>»Wenn du beide Hände zusammenschlägst, gibt es einen
>Klang. Welchen Klang gibt das Zusammenschlagen ei-
>ner Hand?«
>»Erblicke dein Selbst, ehe du geboren bist.«
>Oder:
>»Ehe denn Abraham war, bin ich.«

Auch letzteres kann ein *koan* sein.

Gerade die Vernunftwidrigkeit des *koan*, die sich allen
intellektuellen Annäherungsversuchen entzieht, spielt eine

höchst bedeutsame Rolle in der Zen-Schulung. Denn sie läßt uns die Begrenzung unseres kritischen Intellekts erkennen und treibt uns zuletzt dazu, an ihm zu verzweifeln.

Nachdem der Anfänger mit aller Anstrengung in der vollkommenen Lotushaltung eine gewisse Zeitlang sitzen kann, gibt ihm der Zen-Meister des Klosters ein *koan*, und der Anfänger übt nun *zazen* zusammen mit dem *koan*. Dies wird ihn zur Verzweiflung über sein Wissen und seinen Intellekt treiben, bis er sich zu dem echten Großen Zweifel hindurchringt oder zur Geistigen Suche. Zen-Schulung versucht alles kritische Bewußtsein auszureißen. Dieser Vorgang ist durchaus nicht leicht zu verwirklichen. Deshalb wird im Kloster bei den Zen-Studien *sanzen* zu Hilfe genommen.

Sanzen ist das persönliche Gespräch mit einem Zen-Meister. Die Mönche, die in der Ausbildung sind, gehen, einer nach dem anderen, in das Zimmer des Meisters. Sie nahen sich ihm in einer traditionellen Weise, die streng eingehalten wird. Der Mönch sitzt nun dem Meister gegenüber, Auge in Auge, und legt ihm die Ergebnisse seiner Schulung vor. Es ist ein sehr ernster Augenblick für den Schüler, von dem verlangt wird, daß er seine ganze Zen-Befähigung und geistige Einsicht dem Meister eröffnet. Die Frucht seiner Zen-Schulung, die er darbietet, ist nicht eine begriffliche Formulierung, noch das Ergebnis des Durchdenkens oder eine Spekulation, er muß durch *zazen* und *koan* Geistigkeit oder Zen-Erfüllung erlangt haben. Deshalb ist es natürlich, daß ein Mönch nicht zu jeder Zeit bereit sein kann, in befriedigender Weise *sanzen* auszuführen.

Dennoch findet ein solches Gespräch während des *sesshin*, der intensiven Schulungs-Periode, mehrere Male am Tage im Kloster statt, und selbst an gewöhnlichen Tagen zwei oder dreimal täglich. Man kann sich leicht vorstellen, wie schwierig dies für den Anfänger ist.

Wenn ein Schüler überhaupt noch nicht für *sanzen* bereit ist, dann treiben ihn einige ältere Mönche aus der Zen-Halle gewaltsam hinaus und drängen ihn in das Zimmer des Meisters. Dieser stößt ihn von sich und schickt ihn wieder fort. Jeden Tag muß ein Schüler diese harte Zucht bestehen. Die ihm gegebenen Ermutigungen und seine starke geistige Sehnsucht werden seine innere Suche verstärken. Er legt Herz und Seele in die Schulung und wird in die höchste Not getrieben, in der ihm keine Logik und keine Worte mehr helfen können. Seine Augen sind geöffnet, aber er ist sich des Sehens nicht bewußt. Er hat Ohren, ist sich aber des Hörens nicht bewußt. Tatsächlich ist er im Zustand des Nicht-Bewußtseins, des Nicht-Gedankens, in dem es weder das Selbst noch die Welt gibt.

Ein Wort von Rinzai: »Vor Jahren, als ich noch nicht zur Wahrheit erwacht war, gab es überall nur Finsternis.« Er lebte im Abgrund des Unbewußten, ehe er *satori* erlangte.

In einem solchen Zustand können – das ist nicht ungewöhnlich – alle Arten von anomalen krankhaften seelischen Erscheinungen und Illusionen auftreten. Seit alters her haben die Meister streng davor gewarnt, an diesen festzuhalten. Sie müssen fortgeworfen werden.

Es ist nicht vorauszusehen, wie lange die dunkle Nacht der Unbewußtheit anhält. Das hängt von jedem einzelnen ab. Plötzlich aber, und ganz unerwartet, überfällt der Augenblick des Erwachens den Mönch. Wenn dieser gesegnete Augenblick eingetreten ist, dann ist der Abgrund des Unbewußten aufgebrochen.

Vor Jahren erlebte der Zen-Meister Reiun, nach dreißig Jahren harter Zucht, diesen segensreichen Augenblick des Erwachens, als er eine Pfirsichblüte im Aufblühen sah. Das unbewußte Selbst des Meisters lebte neu auf als das wahre Selbst. Reiun war neu in die Welt geboren. Er war der Pfirsich, und das Weltall war voll seines Duftes. Oder besser gesagt: Er war das Universum selbst.

Meister Kyogen kam nach langer Suche in dem Augenblick zum Erwachen, als er den Aufschlag eines Steines hörte, der einen Bambus traf. Er hallte im Weltall wider wie der Schlag des Steines.

Ein japanischer Zen-Meister aus der Tokugawa-Periode, mit Namen Shido Bunan, verfaßte ein *waka*-Gedicht:

Stirb, während du lebst, und sei vollkommen tot.
Dann tue, was immer du willst − alles ist gut.

Das Ziel der Zen-Schulung ist Sterben im Leben. Das heißt, das Selbst des Nicht-Gedankens und der Nicht-Form wird wieder zum Leben erwachen als das Wahre Selbst des Nicht-Gedankens und der Nicht-Form. Das Wichtigste in der Zen-Schulung ist deshalb, aus dem Abgrund der Unbewußtheit wieder zum Leben zu erwachen.

Zen-Schulung ist nicht der gefühlsbetonte Vorgang, im Zustand der Einheit zu sein oder nur das »Gefühl« des Nicht-Gedankens zu empfinden. *Prajna* − Weisheit (wahre Weisheit) muß nach dem Durchbruch durch die höchste Not des Großen Zweifels aufscheinen. Dann aber bedarf es noch weiterer Schulung, um als freier Mensch das Zen-Leben führen zu können und als neuer Mensch in der Welt zu wirken. Auf jeden Fall hat eine solche tief geistige Erfahrung eine große Bedeutung, die wir bei der Entwicklung der geistigen Kultur der Menschheit heute und in Zukunft nicht verleugnen sollten.

In unseren Tagen wird harte Schulung in Zen-Klöstern geübt, um die gleichen inneren Vorgänge im Anfänger auszulösen, die die alten Meister erfahren hatten. Wir müssen sorgfältig und ernsthaft sein im genauen und strengen Übernehmen der Schulungs-Methoden.

Wer Zen studiert, weil er dessen kulturellen Wert schätzt oder Zen als religiöse Philosophie würdigt, der mag gut daran tun. Wer aber Zen in sich selbst erfahren will, der sollte bereit sein, durch diese Härten hindurchzugehen, und sollte niemals der Versuchung unterliegen, einen leichteren und kürzeren Weg zu gehen. Unlängst sprachen einige von einer augenblicklichen Erleuchtung oder nahmen Drogen, um *satori* zu erfahren. Welcherlei Behauptungen diese Menschen auch aufstellen mögen – ich erkläre, daß solche Methoden überhaupt kein authentisches, wirkliches Zen sind.

Es seien hier noch einige abschließende Worte hinzugefügt: So gewiß Zen tatsächlich ein ausgezeichneter Weg zur Wahrheit hin ist, so ist es doch offensichtlich, daß nicht jeder die Schulung erwarten kann, die für die Erlangung des großen Augenblicks des *satori* erforderlich ist. Wir müssen zugeben, daß das echte Zen ein sehr schwerer Weg ist, und nur eine Handvoll religiös begabter Menschen wird unter günstigen Bedingungen *satori* erlangen können.

Es muß noch einen anderen Zen-Weg geben, der dem durchschnittlichen Menschen offensteht und dem dieser folgen kann, mag es auch nur eine untergeordnete Annäherung sein. Auf diese Weise besteht die Möglichkeit, die Lehren der alten Zen-Meister zu lernen und ihre religiösen Lebensweisen zu den führenden Grundsätzen des eigenen Lebens zu machen. Hierin läge der Versuch, den Beispielen des Zen-Lebens zu folgen, so gut es unter den gegebenen Bedingungen geht. Man könnte dies ein Zen-Leben nennen, das auf Vertrauen beruht. Ich möchte dieses Zen-Leben, das für den Durchschnittsmenschen geeignet ist, durch mehr Einzelheiten belegen, muß diese Absicht aber auf eine andere Gelegenheit verschieben.

Zen-Persönlichkeit

Zen ist nicht ein begriffliches Ergebnis, das durch Spekulation oder Beweisführung erreicht wird. Der Zen-Weg wird nicht durch unser gewöhnliches dualistisches Wissen gefunden. Alle Kenntnisse und Gedanken, die Ergebnis unseres normalen Bewußtseins sind, müssen vollkommen ausgeschaltet werden. Danach erst kann sich die wirkliche Erfahrung ereignen, in der man zum Nicht-Bewußtsein oder dem sogenannten »Nichts« erwacht. In dieser inneren Erfahrung wird Zen gefunden.

Objektiv gesprochen, bedeutet deshalb Zen-Erfahrung die Einsicht in den Grund der Existenz selbst. Subjektiv ausgedrückt, kann man Zen als Erwachen zur innersten Geistigkeit der Menschheit verstehen. Im Zen verwenden wir das einfache Wort *satori*, das oft mit »Erleuchtung« übersetzt wird, um auf die Wirklichkeit religiöser Erfahrung hinzuweisen.

Wir neigen dazu, solche absolute Geistigkeit mit einigen unserer gewöhnlichen und psychologischen Erfahrungen zu verwechseln. Grund hierfür ist die Tatsache, daß in unserer Kultur – sobald der Versuch gemacht wird, diesen neuen, im Zen-*satori* erfahrenen Ausblick zu beschreiben – diese Äußerung den Prozeß der Abstraktion und Begrifflichkeit durchläuft. So gewinnt sie eine eigene Existenz abseits von der Wirklichkeit der Erfahrung selbst. Eine Äußerung entspringt wirklicher Erfahrung, und die Erfahrung bringt den Gedanken hervor. Natürlich haben Gedanken ihren eigenen kulturellen Wert und Sinn. Aber wenn die Erfahrung schon vergessen ist und man über Zen allein auf der Ebene seiner Ausdrucksform spricht, dann ist es selbst schon tot, und das Reden über Zen ist ein lebloser Schatten.

Der sechste Patriarch Eno (auf chinesisch: Hui-neng,

638-713) gab als Beispiel eine begriffliche Beschreibung des Zen, die auf seiner Zen-Erfahrung beruhte: »In unserer Lehre ist der Nicht-Gedanke die Grundregel, Nicht-Form das Fundament und Nicht-Behausung die Grundlage.« Für Eno waren Nicht-Gedanke, Nicht-Form, Nicht-Behausung keine Begriffe oder Beurteilungen, auch keine begreifbare Wahrheit, sondern konkrete Wirklichkeit. Dies besagt, daß Eno eine Persönlichkeit des Nicht-Gedankens, der Nicht-Form und der Nicht-Behausung war. Hier wird der Ausdruck auf die Erfahrung zurückgeführt und hat lebendige Kraft.

Wir dagegen haben die unglückliche Neigung, die Wirklichkeit nicht klar zu durchblicken. Zen-Meister wußten wohl um diese menschliche Schwäche und versuchten ihr Bestes, um unsere Augen der geistigen Erfahrung zu öffnen. Zu diesem Zweck betonten sie unter anderem die Notwendigkeit, sich innerlich eine Persönlichkeit vorzustellen, die charakteristisch für Zen-Erfahrung ist. Dies ermöglicht dem Schüler eine eigene konkrete und andauernde Zen-Erfahrung. In gewissem Sinn kann man Zen erklären als den harten Prozeß, die Gedanken und Ausdrucksformen zu den ursprünglichen Erfahrungs-Tatsachen zurückzuführen, aus denen diese Gedanken und Ausdrücke entstanden.

Einmal fragte ein Mönch den Zen-Meister Joshu (778-897): »Was ist *dhyana*?« Joshu gab eine ganz unerwartete Antwort: »Es ist Nicht-*dhyana*.« Noch einmal fragte der Mönch: »Wie kann *dhyana* Nicht-*dhyana* sein?« Joshu gab ihm keine theoretische Erklärung auf sein »Wie?«, sondern sagte: »Es ist lebendig, lebendig.«

Der Widerspruch zwischen *dhyana* und Nicht-*dhyana* besteht nur in der Welt der unterscheidenden Logik. »Das Lebendige« übersteigt den Gegensatz von *dhyana* und Nicht-*dhyana*. »Das Lebendige«, das das Wesen des *satori* ist, kennt keinen solchen Gegensatz.

Ein guter Zen-Meister arbeitet in folgender Weise: Er drängt seinen Schüler dazu, das Auge zu öffnen, mit dem er durch die bedingten Gegensätze und Widersprüche hindurchblicken kann, und zeigt ihm, wie er in sich selbst die Möglichkeit findet, einen Sprung zu vollziehen.

Man darf die Zen-Persönlichkeit nicht für ein psychologisches Ich halten. Sie ist auch keine Idee, keine Erkenntnis, die auf dualistischer oder unterscheidender Logik beruht. Wenn dies alles fortgewischt ist, dann zeigt sich die Persönlichkeit in der Gestalt der Nicht-Gestalt. Dann ist Zen hier, in dieser Persönlichkeit lebendig. Im Zen heißt diese »Ur-Mensch«. Denn ein solcher Mensch entspringt nicht menschlicher Willensanstrengung. Er wird auch »Meister« genannt. Dies besagt, daß er die absolute, zugrundeliegende subjektive Persönlichkeit ist. Um jeden festgelegten Gedanken zu vermeiden, werden manchmal auch solche ungewöhnlichen Ausdrücke angewendet wie »Dieses« oder »Es«.

Der Zen-Meister Zuigan Shigen (ca. 900) gebrauchte dieses *mondo*: Täglich rief er sich selbst zu: »He, Meister!« und antwortete sich selbst: »Ja.« Dann fragte er sich wieder: »Bist du erwacht?«, und gab sich die Antwort: »Ja, das bin ich.« Dann fuhr er fort: »Sei nicht unvorsichtig und lasse dich nicht von anderen betrügen.« – »Nein, das will ich nicht«, gab er sich selbst wieder zur Antwort (*Momonkan*, Fall 12).

Was für ein Mensch mag dieser Meister gewesen sein, an den sich Zuigan jeden Morgen wandte? Sprach er nicht zur absoluten, subjektiven Persönlichkeit, die in ihm selbst lebte, jedoch sein kleines Ich überschritt? Diese »Persönlichkeit« muß über das individuelle Ego hinausgehen, auch wenn es im Inneren dieses umfaßt. Das *mondo* war sein freundlicher und unmittelbarer Rat und seine Belehrung, damit wir zu »Es« oder zu »Dieses« erweckt würden, das in uns verlorengegangen ist oder vergessen wurde. Denen, die nicht die Erfahrung der geöffneten Zen-Augen erlebten und die infolgedessen nach der dualistischen Logik leben, müssen solche Handlungen unsinnig erscheinen.

Noch ein anderes *mondo*:

Ein Mönch, der bei Meister Zuigan in Schulung war, kam zu einem anderen Meister, zu Gensha (831 bis 908). Dieser fragte den Neuankömmling: »Wo warst du bisher?« – »Ich war bei Zuigan.« – »Wie unterweist Zuigan seine Schüler?«, fragte Gensha weiter. Der Mönch erzählte ihm, daß Zuigan täglich sich selbst zurief: »He, Meister!« und daß er sich selbst eine Antwort gab. Gensha hörte schweigend zu. Dann bemerkte er: »Das ist recht wesentlich. Aber warum bist du nicht länger bei ihm geblieben?« Der Mönch antwortete: »Er ist gestorben.« Auf diese Antwort stellte Gensha eine ganz unerwartete Frage: »Wenn du jetzt zu ihm ›He, Meister!‹ rufst, so wie er es gewohnt war, wird er dir dann eine Antwort geben?« Es wird berichtet, daß der Mönch schwieg und nicht in der Lage war, irgend etwas zu antworten.

Genshas Frage meinte: Wenn wir jetzt Zuigan, der nicht mehr lebt, zurufen »He, Meister!«, wird er dann Antwort geben? Was mag er hierbei im Auge gehabt haben, was will er damit sagen? Bedauerlicherweise war das geistige Auge des Mönches nicht geöffnet. Er vermochte nicht die Geistigkeit von Zuigan oder Gensha zu durchschauen. Wir können auch sagen: »Hätte er Zuigans Wahrheit erblickt, dann hätte er auch die Wahrheit von Gensha durchschaut und ebenso die Wahrheit seines eigenen Selbst, die ebenfalls der »Meister« ist. Ich möchte hier betonen, daß unbedingt die »lebendige« Persönlichkeit in der Zen-Erfahrung wahrgenommen werden muß.

Im allgemeinen suchen die Menschen die Zen-Persönlichkeit nach dem Maßstab ihrer dualistischen Erkenntnis zu verstehen. Diese Persönlichkeit aber gehört in den Bereich, in dem Bewußtsein oder Unterscheidung noch nicht in Bewegung gekommen sind. In unsere Welt des gewöhnlichen Bewußtseins gehört sie nicht. Deshalb war es ganz natürlich, daß der Mönch kein Wort hervorbrachte als Entgegnung auf die Frage: »Wenn du ihn jetzt anrufen würdest: ›He, Meister!‹, was würde er antworten?«

In der einen oder anderen Weise haben die Menschen ein für allemal einen Sprung zu vollziehen, um aus ihrem kritischen Bewußtsein herauszutreten. Solange sie in der dualistischen Welt verbleiben, werden ihre Sorgen niemals vergehen, noch werden die Widersprüche aufgelöst. Mit anderen Worten: Sie werden nicht fähig sein, die Zen-Persönlichkeit zu erlangen. Wenn wir wahre Freiheit und echte Befreiung suchen, dann müssen wir unter allen Umständen diesen Sprung ins Transzendente vollziehen. Die Belehrungen des Zen sind hierfür einmalig, unmittelbar und hilfreich.

Meister Rinzai (gest. 867) war in dieser Hinsicht die typischste Gestalt in der Geschichte des Zen. Denn er betonte immer wieder die Zen-Persönlichkeit, die charakteristisch ist für die Zen-Erfahrung seines ganzen Lebens. Folgende Stelle aus seinen Reden ist berühmt:

»Auf einer Masse von rötlichem Fleisch sitzt ein Wahrer Mensch, der keinen Namen hat. Die ganze Zeit kommt er herein und geht wieder hinaus aus deinen eigenen Sinnesorganen. Wenn du um diese Tatsache noch nicht weißt, dann blicke hin! Schau hin!« Ein Mönch stand auf und fragte: »Was ist dieser Mensch ohne Namen?« Rinzai stieg von der Rednerbühne herab, zog den Mönch aus seinem Gewand und verlangte: »Sprich! Sprich!« Der Mönch zögerte. Rinzai ließ ihn los und sagte: »Der wahre Mensch ohne Namen, was ist das für ein schmutziges Ding!« Dann kehrte er in sein Zimmer zurück.

Es gibt im Zen einen solchen außergewöhnlichen und strengen Weg, um die Schüler zu führen, der sehr eindrucksvoll ist. Noch einmal sei zur Bekräftigung dieses *mondo* wiederholt:

Eines Tages erschien Rinzai auf der Rednertribüne, um über Zen zu sprechen. Fast vorwurfsvoll wandte er sich an seine Schüler und sagte: »Jenseits von diesem realen physischen Körper existiert ein absolut freier Mensch, der alle Begrenzungen überschreitet. Er ist lebendig und wirkt durch eure Sinnesorgane vom Morgen bis zum Abend, ob ihr schlaft oder wacht. Jetzt sollten jene von euch, die diesen Menschen noch nicht durchschaut haben, ihn erkennen und ergreifen.«

Ein Mönch erhob sich und fragte: »Was ist dieser Wahre Mensch ohne Namen?« Meister Rinzai gab keine Antwort. Er sagte kein einziges Wort als logische oder begriffliche Erklärung, sondern verließ die Rednerbühne, faßte den Mönch an seinem Gewand und drängte ihn, eine Antwort zu geben, indem er ihm zurief: »Sprich! Sprich!«

Welch eine unmittelbare und lebendige Belehrung! Rinzai griff nicht zu irgendeiner Erklärung, sondern zeigte sich selbst dem Fragenden als der lebendige Wahre Mensch ohne Namen. Das innere Auge des Mönches aber war noch nicht geöffnet, und es fehlte ihm die Zen-Fähigkeit, um die Zen-Persönlichkeit zu durchschauen, die sich so deutlich vor ihm enthüllte. Er stand voller Entsetzen da und wußte nicht, wie er reagieren sollte. Im nächsten Augenblick stieß Rinzai ihn von sich mit den Worten: »Wie schmutzig und ekelerregend ist dieser Wahre Mensch ohne Namen!« Nach diesen Worten ging er unverzüglich in sein Zimmer zurück.

Ein Mensch, dessen Zen-Auge in Klarheit geöffnet ist, hätte den Wahren Menschen ohne Namen in dieser Demonstration lebendig am Werke gesehen. Dr. Daisetz Suzuki schreibt in seinem Buch: *Rinzai no Kishon Shiso* (»Grundlegende Merkmale des Rinzai«): »Der ganze Zen-Gedanke, der in *Rinzai-roku* (»Berichte von Lin-chi«) ausgeführt wird, umkreist und stützt sich auf das eine Wort: ›Mensch‹ – das heißt auf die Zen-Persönlichkeit.«

Buddha, Natur oder Wahrer Geist sind, so wie sie im Zen gebraucht werden, nicht eine Idee oder ein Begriff. Auch nicht eine in uns angelegte Möglichkeit, noch etwas, das uns vielleicht innewohnt. Dennoch ist es die konkreteste, tatsächlichste Wirklichkeit, die man in bezug auf unseren physischen Körper hier und jetzt erfassen sollte. Hier sieht man die Einzigartigkeit des Zen. Meister des Zen weisen auf sie hin und geben ihr Bestes, damit ihre Schüler auf irgendeine Weise dies für immer begreifen.

Wenn auch der Wahre Mensch ohne Namen eine bestimmte und konkrete Persönlichkeit hat, wird er doch nicht vom physischen Körper, der etwa anderthalb bis zwei Meter groß ist, eingeengt. Er wird auch nicht zeitlich begrenzt von einem Leben, das sechzig bis siebzig Jahre dauert. Er ist absolutes Sein.

Dr. Suzuki bestätigt dies bei der Beschreibung eines solchen Menschen: »Er ist individuell, doch übersteigt er die Individualität. Er ist übernatürlich und dennoch eine Einzelperson.« Suzuki gebraucht den Ausdruck »Selbst-Identität des Widerspruchs«, der alle Logik übersteigt. Wie klar auch ein Ausdruck sein mag, er hört, sobald er eine logische Bestätigung bleibt, auf, lebendige Wirklichkeit an sich zu sein.

Als Rinzai von der Rednertribüne herunterkam und rief: »Sprich! Sprich!«, war er eine lebendige Persönlichkeit in voller Tätigkeit. Und als er den Mönch fortstieß mit den Worten: »Was für ein schmutziges Ding ist dieser Wahre Mensch ohne Namen!« und in sein Zimmer zurückkehrte, da verwirklichte er das Beispiel einer lebendigen und eindeutigen Persönlichkeit.

Etwa hundert Jahre vor Rinzai gab es einen Zen-Meister mit Namen Sekito Kisen (700-790). Einmal fragte ihn einer seiner Schüler, Dogo Enchi (769 bis 835), der später auch ein Zen-Meister wurde: »Was ist das Wesen von Zen?« Sekito antwortete: »Unerreichbar und unerkennbar.« Dogo fuhr fort: »Ist noch irgend etwas darüber auszusagen?« Diesmal antwortete Sekito: »Wie klar und weit ist der Himmel! Nichts stört die dahinziehende weiße Wolke.« Dogo fragte nach der höchsten Wahrheit des Zen. Als sein Lehrer negativ antwortete: »Unerreichbar und unerkennbar«, war Dogo letztendlich nicht überzeugt und fragte noch einmal: »Ist noch irgend etwas darüber auszusagen?« Er legte die Antwort des Meisters: »Unerreichbar und unerkennbar« nur wörtlich aus; sein geistiges Auge, mit dem er die lebendige Wahrheit aus dieser dem Anschein nach begrifflichen Antwort hätte erblicken können, war noch nicht geöffnet.

Auf diese nochmalige Frage: »Ist noch irgend etwas auszusagen?«, antwortete Sekito: »Wie klar und weit ist der Himmel! Nichts stört die dahinziehende weiße Wolke.« Oberflächlich gedeutet, könnte man sagen: Während die erste Antwort: »Unerreichbar und unerkennbar«, eine eindeutige war, gab Sekito diesmal eine Antwort, die Bewegung auslöste. Ist aber eine solche Auslegung korrekt?

Das Wesen des Buddhismus hat seine Existenz in der wirklichen, lebendigen Persönlichkeit. Wenn wir dies nicht zu sehen vermögen, sind alle Erklärungen nur logische Folgerungen, die aus der Welt des Dualismus stammen. Die negative Ausdrucksweise: »Unerreichbar und unerkennbar«, ebenso wie die Freiheit der weißen, dahinziehenden Wolke sind zwei lebendige Aspekte, die naturgemäß von einer absoluten Zen-Persönlichkeit ausgehen. Sie sind in Wirklichkeit weder ruhend noch in Bewegung. Zwei sind eins und eins ist zwei. Wenn wir dies nicht durchschauen, können wir mit Sekito nicht sprechen.

Der Zen-Meister Ungan Donsei (780-841) war ein enger Freund des Dogo, der Sekito befragte. Ungan gab folgendes *mondo*, das in bezug zur Zen-Persönlichkeit stand:

Eines Tages bereitete Ungan Tee. Dogo kam zufällig vorbei und fragte: »Für wen machst du den Tee?« Da antwortete Ungan: »Da ist ein Mann, der Tee trinken will.« – »Warum läßt du dann nicht *diesen* selbst seinen Tee zubereiten?«, fragte Dogo weiter. Lässig meinte Ungan: »Nun, ich bin gerade hier.« Dogo war von dieser Antwort befriedigt und ging weiter.

Logisch gesprochen, kann man natürlich Ungans Bemerkung: »Da ist ein Mann, der Tee trinken will«, so deuten, als bezöge sie sich auf einen anderen, der Tee verlangt, unabhängig vom Sprecher. In Wirklichkeit aber ist gerade dieser Ungan hier. »Ein Mann hier« sollte die transzendente, absolute Persönlichkeit bedeuten – die Zen-Persönlichkeit, die bei Ungan oder in ihm ist. Natürlich war sich Dogo dessen wohl bewußt. Obgleich er mit aller Klarheit die Zen-Geistigkeit von Ungan schon nach der ersten Antwort anerkannte, prüfte er doch noch weiter, wie tief und wahr seine Zen-Vollendung war.

Bei seiner zweiten Frage: »Warum läßt du dann nicht *diesen* Mann selbst seinen Tee zubereiten?«, nahm Dogo absichtlich den Standpunkt des persönlichen Selbst an. Ungans Zen-Vollendung aber war so endgültig, daß sie auf keine Weise erschüttert werden konnte. Das übernatürliche Selbst muß auch als individuelles Ich handeln. Sonst verliert es seine Bedeutung und Wahrheit als übernatürliches Selbst. Ungan handelte als ein individuelles Selbst, als er sagte: »Nun, ich bin gerade hier.«

Das individuelle Selbst, das gerade hier ist, ist zur gleichen Zeit auch das übernatürliche Selbst, das Tee trinken will. Es ist die Zen-Persönlichkeit, die »weder zwei noch eine« ist. Dogo und Ungan bewiesen in einem lebhaften *mondo* über das »Lebendige« ihre real-konkrete, wache Zen-Persönlichkeit.

Im Zen wird *mondo* zwischen Meister und Schüler oder zwischen Mitschülern ausgetauscht, durch das sie die ge-

genseitige Zen-Befähigung oder innere Geistigkeit in einer unmittelbaren und dynamischen Weise prüfen und schulen. Dies ist wohl eine einzigartige Methode des Zen.

Zum Schluß möchte ich auf das *Zazen Wasan* (»Das Lied von Zazen«) hinweisen, das von Hakuin stammt. Dieses Lied, das 44 Zeilen umfaßt, ist eine Umschreibung des Zen. Es beginnt mit der Zeile:

»Alle Geschöpfe sind im Grunde Buddhas.«
und endet mit der Zeile:

»Deine Person der Körper des Buddha.«

Der Aufbau des Liedes mag noch auf vieles andere hinweisen, in der Hauptsache aber zeigt er, wie auch Hakuin die Persönlichkeit betonte, die charakteristisch für die Zen-Erfahrung ist, und die Notwendigkeit unterstrich, tatsächlich diese Persönlichkeit zu erlangen.

Es ist nicht nötig, noch herauszustellen, daß die erste Zeile die Grundregel der typischen Zen-Lehre aufzeigt, die auf der Zen-Ansicht über den Menschen beruht. In der letzten Zeile ist dieses charakteristische Merkmal als Schlußfolgerung noch klarer herausgestellt. Denn hier tritt der wirklich lebendige Mensch in Erscheinung.

Die Zen-Persönlichkeit, die ein individuelles und zu gleicher Zeit das transzendentale Selbst ist, wirkt in unserem physischen Körper als ein intensiv lebendiger Mensch, der äußerst frei ist so wie eine weiße Wolke, die am Himmel schwebt. Wo aber will dieser Mensch in seiner Freiheit leben? Nirgends anders als hier, an diesem Ort – in unserer dualistischen Welt.

Wenn eine solche Zen-Persönlichkeit in dieser Welt lebt, schafft und entwickelt sie eine besondere Ethik, die sich in ihrer Handlungsweise äußert. Dies aber bildet ein anderes Thema, das zu umfangreich ist, um hier besprochen zu werden. So will ich es für eine andere Gelegenheit aufsparen.

Zazen Wasan

Vorwort

Zazen Wasan, »das Lied von Zazen«, ist eine der vielen Schriften, die der Zen-Meister Hakuin, eine hervorragende Gestalt in der Geschichte des Zen, hinterlassen hat. Dieses Lied ist in einfachem Stil für den Durchschnittsmenschen geschrieben, um ihn in Zen einzuführen. Es ist weit verbreitet, nicht nur bei Schülern, die zu Zen-Schulen gehören, sondern auch bei denen, die sich nur für Zen interessieren. Deshalb ist es sehr volkstümlich. Da es in rhythmischer Versform geschrieben und da die Ausdrucksweise ganz einfach und unmittelbar ist, eignet es sich auch vortrefflich zum Singen.

Ehe wir auf seinen Inhalt eingehen, möchte ich einige einleitende Bemerkungen machen: Man darf »Zen« nicht mit der buddhistischen Zen-Schule gleichsetzen. Die Bezeichnung »Zen-Buddhismus« drückt meistens eine Zen-Schule des Buddhismus aus, die auf Zen gründet und Zen lehrt. Dies ist eine anerkannte Religion, die als soziale Organisation besteht, anderen religiösen Sekten und Schulen vergleichbar.

»Zen« dagegen ist einer der grundlegenden Bestandteile, die typisch sind für das östliche Denken, und hat deshalb großen Einfluß nicht nur im Religiösen, sondern auch auf verschiedene kulturelle Bereiche. Zen entwickelt unsere Gedanken und unseren Charakter. Es ist Weisheit auf der Grundlage religiöser Erfahrung und ist unmittelbar verbunden mit der Quelle unserer Existenz. Es gibt unserem Leben einen einzigartigen Sinn, unabhängig von der religiösen Schule, die Zen-Buddhismus genannt wird.

In diesem Sinn wünsche ich aufrichtig, obgleich ich ein Zen-Mönch aus der Zen-Schule des Buddhismus bin, daß die Menschen ein besseres Verständnis des »Zen« gewinnen mögen. Durch die Veröffentlichung des *Zazen Wasan* möchte ich dies Verständnis für das wahre Zen fördern, das der Menschheit vielleicht Glück und Frieden bringen kann, wie lange dies auch dauern wird.

Meister Hakuins Preisgesang des Zazen

Alle Geschöpfe sind im Grunde Buddhas,
gleich wie Wasser und Eis:
Es gibt kein Eis getrennt vom Wasser,
gesondert von den Geschöpfen keine Buddhas.

Nicht wissend, wie nah ihnen die Wahrheit,
suchen die Geschöpfe sie in der Ferne – welch Jammer!
Sie gleichen denen, die im Wasser
nach Wasser schrei'n vor Durst.
Sie gleichen dem Sohn des Reichen,
der unter Armen seinen Weg verlor.

Die Geschöpfe durchwandern die sechs Welten,
da sie verloren sind im Finster der Unwissenheit.
Von Finsternis zu Finsternis wandernd,
wie können sie je frei werden von Geburt-und-Tod?

Zazen, wie Mahayana lehrt:
Kein Lob kann sein Verdienst erschöpfen.
Die sechs *paramita*: Almosengeben,
das Halten der Gebote und andere gute Taten,
                            verschiedentlich aufgezählt,
Anrufen des Buddha-Namens, Reue und so fort,
sie alle kommen aus *Zazen*.

Verdienst von auch nur einmal geübtem *Zazen*
tilgt Schuld, zahllos gehäuft in der Vergangenheit.
Wo sind die Pfade des Übels, die uns verführen?
Das Reine Land kann nicht fern sein.

Wer voll Demut auch einmal nur
diese Wahrheit hört,
sie preist und im Vertrauen befolgt,
erlangt unendliche Glückseligkeit.

Doch wenn du die Augen nach innen kehrst
und die Wahrheit des Selbst-Wesens bezeugst,
des Selbst-Wesens, das Nicht-Wesen ist,
dann übersteigst du sophistisches Denken.

Das Tor zur Einheit von Ursache-Wirkung steht offen.
Der Pfad der Nicht-Zweiheit, Nicht-Dreiheit führt
                                          geradeaus.
Deine Form ist der Nicht-Form Form,
dein Gehen-und-Kommen geschieht nirgends, denn
                                          wo du bist.
Dein Gedanke ist des Nicht-Gedankens Gedanke,
dein Singen-und-Tanzen ist nichts als die Stimme des
                                          dharma.

Wie grenzenlos und frei ist der Himmel des *samadhi*!
Wie beglückend klar der Mond der Vierfachen Weisheit!
In diesem Augenblick – was mangelt dir?
Nirvana zeigt sich dir.
Dort, wo du stehst, ist das Land der Reinheit,
deine Person der Körper des Buddha.

Der Hintergrund

Zen-Meister Hakuin

Hakuin, der diesen Preisgesang des *Zazen* schrieb, lebte von 1685 bis 1768. Wenn wir an das Durchschnittsalter eines Menschen zu jener Zeit in Japan denken, dann können wir sagen, daß dreiundachtzig Jahre ein langes Dasein bedeuten. Sein 200. Todestag fiel in das Jahr 1968.

Hakuin wurde als dritter Sohn der Nagasawa-Familie in einem Dorf geboren, das Hara Shizuoka hieß. Ganz in der Nähe erhob sich der herrliche Berg Fuji, das Symbol Japans. Sein Vater war der Postmeister des Dorfes, der in jenen Jahren sich um Post und Transport zu kümmern hatte.

In seiner Jugend wurde Hakuin Iwajiro genannt. Er soll große strahlende, runde Augen gehabt haben und von willensstarker, kräftiger Erscheinung gewesen sein. Es heißt, daß er kühn, tapfer und schnell von Entschluß war. Mit zwölf Jahren hörte er eine Geschichte, die ein reisender Priester erzählte, der in dieses Dorf kam. Darin hieß es, daß sündige Menschen nach ihrem Tod unweigerlich in die Hölle kämen und alle Arten von Qualen durchmachen müßten. Das beeindruckte ihn zutiefst. Etwa um diese Zeit erwachte zum ersten Mal seine religiöse Sehnsucht.

Mit fünfzehn Jahren trat Iwajiro, mit Erlaubnis seiner Eltern, in einen Zen-Tempel ein, der im Dorf Shoinji lag. Er wurde von Meister Tanrei zum Zen-Mönch geweiht. Zuerst folgte er dem gewöhnlichen Lebenslauf eines jungen buddhistischen Mönches und ging akademischen Studien über Buddhismus nach. An verschiedenen Orten suchte er gelehrte Wissenschaftler auf.

Als er mit zwanzig Jahren bei Meister Bawo in Schulung war, erfuhr er, daß vor langer Zeit der Zen-Meister Jimyo beim Üben des *zazen* einen Handbohrer neben sich liegen hatte, mit dem er seine Schläfrigkeit bestrafte. So hart suchte Jimyo nach dem Wahren Selbst!

Diese Erzählung bewegte und inspirierte Hakuin. Von dieser Zeit an begann er, sich mit ganzer Kraft dem *zazen* hinzugeben, auf der Suche nach dem inneren Licht. Der Weg zur Erleuchtung aber war steil und schwer und nur mühevoll zu erreichen.

Mit vierundzwanzig Jahren lebte er in Eigenji in Takada, Echigo. Seine Schulung hatte ihn zur geistigen Einheit, zur Identität von Subjekt und Objekt geführt. Eines Tages im Januar, als er wie gewöhnlich die Nacht in *zazen-samadhi* verbrachte, ertönte die bronzene Tempelglocke, um die Morgendämmerung anzukünden. In diesem Augenblick sprang er voll Freude auf, da er plötzlich zur Erleuchtung erwacht war.

Nun war er voll Selbstvertrauen. Doch bald darauf traf er Sogaku, und dieser Zen-Freund brachte ihn zum Zen-Meister Shoju. Über sieben Monate lang blieb er in dessen Nähe. Shoju war ein äußerst strenger und harter Lehrer. Unter seiner Führung wurden Hakuins Fähigkeiten noch geläutert und vertieft. Von ihm empfing er die Einführung in *dharma*. Noch zehn Jahre nach seiner Erleuchtung hielt Hakuin seine Schulung aufrecht. Manchmal unternahm er weite Fußwanderungen als Übung, um das Erlangte noch mehr zu veredeln. Andere Male lebte er in kleinen Fels-Einsiedeleien, um seine Geistigkeit zu vertiefen.

Während dieser Jahre wurde seine einzigartige Kraft, die sich in der zweiten Hälfte des Lebens zu großer religiöser Aktivität entfaltete, entwickelt und ausgebildet.

Als Hakuin dreiunddreißig Jahre alt war, kam ein Diener den weiten Weg von seinem Elternhaus zu seiner Bergeinsamkeit. Um des Alters seines Vaters willen drängte er Hakuin, nach Hause zu kommen. Dieser ließ sich von ihm überreden und kehrte heim, um für seinen Vater zu sorgen. Er ließ sich in Shoinji nieder, das, sich selbst überlassen, der Obhut eines ständigen Priesters entbehrte. Von jetzt an begann er sein religiöses Werk für die Gemeinschaft. Die nächsten fünfzig Jahre etwa war er in Schulen junger Mönche, im Schreiben und Predigen zum Volk tätig.

Als er starb, hatte er der Nachwelt ein großes Werk von historischer Bedeutung hinterlassen. Wir bewundern heute noch in Japan die Größe dieses Zen-Meisters, indem wir ihn als den »größten Weisen in fünfhundert Jahren« preisen oder als den »Patriarchen, der Zen neu belebte«.

»Der größte Weise in fünfhundert Jahren« besagt, daß Hakuin so bedeutend war, daß nur alle fünfhundert Jahre einmal ein solcher Mensch erscheint. Der zweite Ausdruck: »Der Patriarch, der Zen neu belebte«, bedarf einiger Erklärung:

Zen wurde in der Kamakura-Periode (um 1190) von China nach Japan eingeführt und wurde größtenteils von den Samurais, der führenden Schicht des Landes in jener Zeit, angenommen. Allmählich schlug es dort Wurzeln als eine neue Religion, die dem Zeitalter entsprach. Später entfaltete sich Zen in ganz Japan und beeinflußte in starkem Maße die japanische Kultur. Im Laufe von mehreren hundert Jahren Zen-Geschichte nahm aber die »Echtheit der Erfahrung«, aus der das wirkliche Leben und der Geist des Zen bestehen, ab.

Zen sagt von sich selbst, es stehe »außerhalb von allen Schriften und hinge nicht von Buchstaben ab«. Dies bedeutet, daß das Wesen des Zen in der Wirklichkeit seiner religiösen Erfahrung, d. h. der Erfahrung von *satori* liegt. Vom Zen-Standpunkt aus sind alle literarischen Umschreibungen oder kulturellen Anregungen von zweitrangiger Bedeutung. Sie sind Ergebnis der tiefen religiösen Erfahrung, die eigene Gestalt und Ausdrucksform annehmen.

Die Erfahrung aber ist so persönlich, daß sie nicht im ganzen Ausmaß anderen mitgeteilt oder ihnen übertragen werden kann, wie es im kulturellen Bereich möglich ist, der sich aus Zen ergibt. Ich nehme an, daß dies für alle Religionen zutrifft. Durch die höchst persönliche Erfahrung der Erleuchtung ergibt sich unvermeidlich, daß mit der Zeit die kulturelle Seite des Zen wesentliche Fortschritte machen kann, während das Kernstück, die Erfahrung, zurücktritt.

Zur Zeit von Hakuins Geburt erstarrte das innere Leben des Zen, das auf unmittelbarer Erfahrung beruhte, wenn auch die sozialen Funktionen der Zen-Organisationen in Japan an der Oberfläche noch aktiv blieben und ihr kultureller Einfluß bemerkenswert war.

Zen war in Japan in einer kritischen Lage. In diese geschichtliche Situation hinein wurde Hakuin, ein tief religiöser Mensch, geboren. Er war sich dieser Krisis des Zen wohl bewußt und stellte sein Leben in den Dienst der Neubelebung des wirklichen, erfahrenen Zen-Lebens. Er leitete Schulungen und hinterließ viele fähige Schüler. Die neue Richtung, die er in Zen-Kreisen ins Dasein rief, betonte die lebenswichtige Bedeutung der Erfahrung der Erleuchtung. So erwachte ein Interesse für den Wert wirklicher Übung und Schulung.

Durch Hakuins Bemühungen veränderte sich tatsächlich die Geschichte des Zen in Japan, und die meisten Zen-Lehrer der Rinzai-Schule in Japan folgen heute seinen Spuren. Deshalb wird er bewundert als der »Patriarch, der Zen neu belebte«, oder als »Neuerwecker des *dharma*«.

Hakuin machte jede Anstrengung, um wahre Zen-Schulung und die Erfahrung der Erleuchtung weiterzugeben. Es ist wohlbekannt, daß er neben dem traditionellen *koan*, das aus der Sung-Dynastie stammt, neue einzigartige *koans* schuf, wie »Höre auf den Klang der einen Hand«. Diese sollten mithelfen, das Zen-Bewußtsein seiner Schüler zu erwecken und sie zur klaren und durchdringenden Erfahrung der Erleuchtung zu führen. Er schrieb viele Bücher, um dieses Ziel zu betonen und die Zen-Lehre zu verbreiten. *Zazen Wasan* zeigt einen dieser Versuche.

Bei der aktiven Verbreitung des Zen nutzte er auch seine hohe künstlerische Begabung aus und hinterließ viele Werke der Kalligraphie, ebenso Malereien eigenen Stils, zu denen er verschiedene Zen-Verse und -Zeilen als Kommentar verfaßte. Diese Kalligraphien von Hakuin gehören zu den sogenannten »Zen-Bildern«, die als Meisterstücke der Zen-Kunst bewundert werden und wertvolle Schätze der japanischen Kultur bilden. Seine Malereien und Kalligraphien wenden sich in starkem Maß unmittelbar an Auge und Herz. Kraft und Inspiration sprechen aus ihnen.

Abgesehen von ihrer großen künstlerischen Anziehungskraft drücken die hinzugefügten Erklärungen oft sehr genau den Geist des Zen aus. Es sind nicht reine Moral-Lehren oder humorvolle Bemerkungen, sondern sie weisen unmittelbar auf die wirkliche religiöse Erfahrung der Zen-Erleuchtung hin und machen die Zen-Geistigkeit anschaulich.

So zeichnete Hakuin zum Beispiel mit wenigen einfachen Linien einen herrlich gestalteten Berg Fuji und schrieb zu seinem Lobe einen Vers dazu, der, oberflächlich betrachtet, wie ein volkstümliches, humorvolles Liebeslied klingt. Es lautet: »Meine Liebste ist Fuji, auf den Wolken thronend. Wie sehne ich mich danach, deine schneeweiße Haut zu erblicken.« Er konnte von dem Dorf aus, in dem er die meiste Zeit seines Lebens verbrachte, täglich den Fuji sehen. Die Sicht dieses anmutig geformten Berges, der in den blauen Himmel hinauffragt, gekrönt mit reinem weißem Schnee, ist von äußerster Schönheit. Anmutig und fast göttlich heilig ist dieser Berg, doch oft von Wolken bedeckt. In manchen Jahreszeiten ist es schwer, seine Schönheit unbehindert wahrzunehmen. Hakuin nahm diesen geheiligten Berg, der von allen verehrt wurde, als Symbol für die Absolutheit des Zen-Geistes und die Bedeutung der Zen-Schulung.

Wenn man diese Zeilen nur überfliegt, mögen sie nicht

anders klingen wie ein kleines Liebeslied. So etwa: »Fuji ist meine Liebste, hat aber ein Gewand von Wolken angetan. Wie gern nähme ich das Kleid fort und könnte die weiße Haut betrachten.« Wenn wir aber begreifen, daß diese Liebste die Buddha-Natur, die So-heit oder Eine Wahrheit, darstellt, die alles übersteigt und uns zur grundlegenden Befreiung führt, dann verwandelt sich die Bedeutung dieses Verses. Das Wolkengewand symbolisiert nun unsere dualistischen Gefühle aller Art, die unsere Augen bedecken und uns von der Schau der Wahrheit zurückhalten.

Hakuin fordert uns auf, uns aller Wolken der Unwissenheit, der Bindung und Illusion zu entledigen und zu unserem starken, von allem entblößten, Wahren Selbst zurückzukehren. Er drängt uns – mit anderen Worten – dazu, unser »ursprüngliches Wahres Selbst« mit unserer ganzen Seele und aus vollem Herzen zu ergreifen. Denn diese Erfahrung ist Leben selbst und Geist des Zen.

Ein anderes Beispiel für Hakuins Kunst ist eine Art Karikatur, die ein einäugiges Monstrum und einen Blinden darstellt. Ein grotesk aussehendes Monstrum, das auf seiner Stirn ein großes Auge wie ein Scheinwerfer trägt, blickt böse einen Blinden an, der völlig unbeteiligt und kühn heraufschaut. Dazu schreibt Hakuin: »He, ich bin ein einäugiges Ungeheuer. Hast du denn keine Angst?« – »Warum sollte ich vor dem Einauge Angst haben, da ich doch keine Augen besitze? Du müßtest dich vor mir erschrecken.«

Wenn man nur einen oberflächlichen Blick auf dieses Bild wirft, mag man es für eine humoristische Karikatur ohne besondere Bedeutung halten. Hakuin aber will uns damit eine Warnung geben: Beleidigen nicht einige von uns andere durch ihre Selbstgefälligkeit, mit der sie sich für Auserwählte dieser Welt halten, weil ihr geistiges Auge der Wahrheit nicht geöffnet ist? Belästigen wir nicht, ohne unser Wissen, Menschen in unserer Umgebung, weil wir in kleinlicher Selbstzufriedenheit steckengeblieben sind?

Zen lehrt uns immer von neuem, die dualistische Welt zu überschreiten und unser Auge dem absoluten Bereich der Einheit zu öffnen. Es mag einige geben, die die dualistische Welt überwunden haben, aber dann können sie eine andere Art Krankheit bekommen: Sie haften an der Einheit und verlieren wieder ihre Freiheit. Das sind die »einäugigen Ungeheuer«.

Wir dürfen uns nicht überwältigen und versklaven lassen von der großartigen Entwicklung der wissenschaftlichen Zivilisation, die auf dem Dualismus aufgebaut ist. Aber ebensowenig sollten wir in den Tiefen einer nicht dualistischen geistigen Zivilisation steckenbleiben. Um für immer der wahre Meister hierüber zu sein, müssen wir sogar den absoluten Bereich der Einheit verlassen und unsere Geistigkeit vertiefen, bis wir sagen können: »Warum sollte ich mich vor dem Einäugigen fürchten? Ich habe ja keine Augen!« Erst an diesem Punkt kann das Wesen des Zen wirklich von Wert sein.

Es steht ein berühmtes *mondo* in einem alten Zen-Text: Eines Tages sagte ein Mönch zu dem Zen-Meister Joshu: »Ich habe alles von mir geworfen. Nichts ist mehr in meinem Bewußtsein zurückgeblieben. Was sagst du dazu?« Hierauf gab Joshu die unerwartete Antwort: »Wirf auch *das* noch fort.« Der Mönch betonte noch einmal: »Ich habe dir gesagt, daß nichts in mir zurückgeblieben ist. Was soll ich fortwerfen?« Da sagte Joshu: »In diesem Fall mußt du es weiter tragen.« Damit beendete er das Fragen. Dieser Mönch hatte sein eigenes Loblied gesungen, indem er erklärte, er habe alles fortgeworfen. Er war sich nicht bewußt, wie unedel es war, sich dessen zu rühmen. Er hing an der Einheit und war deshalb nicht frei.

Es gibt eine andere berühmte Malerei von Hakuin – ein Porträt von Bodhidharma, in einem symbolischen, freien Stil gezeichnet. Darauf schrieb er: »Ich freue mich sehr, dich zu sehen, und habe nichts zu sagen.« In der Geschichte des Zen, das aus Indien stammt und nach China und Japan gebracht wurde, ist Bodhidharma der 28. Patriarch. In der chinesischen Zen-Geschichte wird er als erster Patriarch betrachtet und ist von großer Bedeutung. In Hakuins Malerei ist er nicht gerade eine historische Persönlichkeit. Hier symbolisiert er vielmehr das Wesen des Zen, die Zen-Erleuchtung, die Wirklichkeit der religiösen Erfahrung selbst. Hakuins Worte auf diesem Bild sind eine liebevolle, geistreiche Bemerkung: »Ich freue mich, dich nach so langer Zeit zu sehen, und kann in meinem reinen Glück keine Worte finden, um mich richtig auszudrükken.« Die wahre Bedeutung dieser Zeilen aber wird nicht in einer solchen Auslegung gefunden.

Wenn endlich nach Jahren harter und beharrlicher Suche die wahre geistige Heimat gefunden ist, gibt es wohl keine geeigneten Worte mehr, um diesen neuen Ausblick zu schildern. Zen-Meister Mumon verbrachte sechs Jahre härtester Schulung mit dem berühmten *koan Mu* (Nichts). Als er eines Tages das Schlagen der Trommel hörte, das die Essenszeit ankündigte, erlangte er ganz plötzlich die Erleuchtung. Er beschrieb diesen großen Augenblick nach so vielen Jahren strengster Schulung mit den Worten: »Es ist so, als versuchte ein Stummer, den Traum, den er hatte, auszudrücken.« Wenn diese Verwirklichung erreicht ist, die das Auge für eine neue Welt von völlig anderer Rangordnung öffnet, dann ist niemand fähig, diese tatsächliche Erfahrung in Worten auszudrücken.

Ich habe hier nur einige Beispiele des einzigartigen und außergewöhnlichen religiösen Wirkens von Hakuin aufgezeigt. Seine ungewöhnlichen Fähigkeiten bewies er im Schreiben, Predigen und in der Führung seiner Schüler im *sesshin*. Der Meister betonte immer wieder die Bedeutung der Erfahrung in der Erleuchtung, die Wesen und Leben des Zen ausmacht. Auf diese Weise erweckte er in einer kritischen Zeit, in der der Zen-Geist auszusterben drohte,

Zen zu neuem Leben. Deshalb wird er mit Recht genannt: »Der Patriarch, der Zen neu belebte.«

Die Überschrift

Im Japanischen besteht das Wort *zazen* aus zwei Begriffen: aus *za* und *zen*. Im wörtlichen Sinn bedeutet *za* das Sitzen mit gekreuzten Beinen und *zen* das ruhige Konzentrieren der Gedanken. Das japanische Wort *zen* kann auf das Sanskritwort *dhyana* zurückgeführt werden. Wenn auch das japanische *zazen* und der Sanskrit-Ausdruck *dhyana* geschichtlich miteinander in Beziehung stehen, so ist doch ihre wahre Bedeutung in mancher Hinsicht verschieden.

Das Wort *zazen* wird heute in Japan bisweilen im Sinn von ruhigem Sitzen gebraucht und bezieht sich damit auf einen bestimmten Sitz. In anderen Fällen wird unter *zazen* das Konzentrieren der Gedanken durch ruhiges Sitzen verstanden. In letzterem Fall wird die geistige Tätigkeit der Konzentration mehr betont als die Art des Sitzens. Beide Male ist jedoch die Bedeutung der von *dhyana* ähnlich und schließt Zucht und Schulung mit ein. In solchen Fällen wird *zazen* verstanden als Mittel zum Erlangen von *satori*, Erleuchtung.

Es gibt auch Fälle, bei denen das Wort *zazen* in einem ganz anderen Sinn gebraucht wird. Zum Beispiel sagt Dogen (1200-1253), der Gründer des Soto-Zen: »*Zazen* ist nicht ein Mittel zur Schulung, es ist der *dharma*-Weg der Befreiung.« Und weiter: »Das Wesentliche ist *zazen*. Die Nachkommen von Buddha sollten es dementsprechend üben. Dies ist die rechte Vermittlung der wahren Lehre.« Hier wird *zazen* in ganz anderer Weise gebraucht und übersteigt den überlieferten Begriff *dhyana*. Es weist auf das hin, »was wesentlich ist«, und auf »die rechte Vermittlung der wahren Lehre«. Es bezieht sich auf die Zen-Erfahrung selbst, in der alle Lehren eingeschlossen sind. Hier gewinnt *zazen* eine Tiefe und Breite ganz anderer Art und läßt den Sanskrit-Ausdruck *dhyana* weit zurück.

Hui-neng, der sechste Patriarch (638-713), gehört zu denen, die Zen in China begründeten. Er definierte *zazen* in folgender Weise: »Inmitten von allem Gut-und-Böse entsteht kein Gedanke im Bewußtsein. Dies heißt *za*. Die Schau in die eigene Selbst-Natur ohne irgendeine Bewegung wird *zen* genannt.« Im Hinblick auf diese Erklärung heißt *za* nicht nur: mit gekreuzten Beinen sitzen. Es bedeutet vielmehr: kein unterscheidendes Bewußtsein aufkommen lassen »inmitten von allem Gut-und-Böse«.

Der ethische Ausdruck »Gut-und-Böse« wird hier gebraucht, um alle unsere dualistischen Unterscheidungen auszudrücken, von denen wir in unserem täglichen Leben abhängig sind. *Za* bedeutet, diese alle auszuschalten. Es geht nicht nur darum, körperlich eine bewegungslose Sitzhaltung einzunehmen. Nach Hui-neng ist Zen »die Schau in die eigene Selbst-Natur und das Nichtbewegtwerden von irgend etwas«.

Mit anderen Worten bedeutet *zen* das Erwachen zu unserer grundlegenden Selbst-Natur und das nicht Gestörtwerden von dem oberflächlichen Hin- und Herschwenken unserer Gedanken. Es ist nichts anderes als die Erfahrung der Erleuchtung an sich. Wenn »kein Gedanke inmitten von allem Gut-und-Böse entsteht«, kann die »eigene Schau in die Selbst-Natur« verwirklicht werden. So weisen tatsächlich *za* und *zen* auf die tiefe religiöse Erfahrung hin. Die Erklärung des sechsten Patriarchen über *zazen* ist deshalb die gleiche wie die von Dogen.

Hakuins Lied von *Zazen* ist die dichterische Darstellung des Zen an sich – grundlegend und alles einschließend – und nicht ein Lied, das *dhyana* lehrt. Wir müssen dies beim Lesen des Textes im Auge behalten. *Zazen Wasan* ist also keine Lehre, die das ruhige Sitzen, wörtlich genommen, verbreitet. Es ist hier auch nicht angemessen, den Sanskrit-Ausdruck *dhyana* für *zazen* zu verwenden. Denn Hakuins *Zazen Wasan* ist das Lied von »Zen«.

Ich möchte noch einmal wiederholen, was ich anfangs betont habe: Man muß Zen unabhängig von der Zen-Schule des Buddhismus verstehen. Zen gehört weder einschließlich noch ausschließlich zu der buddhistischen Zen-Schule. Ich halte Zen für die universale Wahrheit, die wahres Wissen und Frieden in das Leben der Menschen in der Welt bringt. Jede Religion und Kultur sollte Nutzen ziehen aus dem, was Zen an geistigem Wert anzubieten vermag.

Zen-Meister früherer Zeiten haben sich auch mit dieser Frage beschäftigt. Dogo, der Begründer des Soto-Zen in Japan, erklärte: »Jeder, der Zen für eine Schule oder Sekte des Buddhismus hält und es *Zen-shu*, Zen-Schule nennt, ist ein Teufel.« Mit diesem strengen Ausdruck warnt er uns vor diesem Fehler und stellt das absolute und alles umfassende Prinzip von Zen klar heraus. Worauf Hakuin hinweist, ist mit aller Deutlichkeit Zen, nicht Zen-Schule.

Zurück zur Überschrift: *san* im Wort *wasan* bedeutet einen Lobpreis. Das Schriftzeichen *wa*, das dasselbe in japanisch bedeutet, wird noch hinzugefügt. Dieses unbedeutend erscheinende Wort *wa* zeigt, daß Hakuin eine große Liebe zu dem gemeinen Volk hatte. Zu seiner Zeit war Japan ein Land mit strengem Feudalsystem, und es war der Brauch der oberen intellektuellen Klasse, die chinesische Sprache zu verehren. Ernsthafte Schriften wurden in der Regel chinesisch abgefaßt, ebenso wie in Europa vor Jahrhunderten religiöse und scholastische Werke im allgemeinen lateinisch geschrieben wurden. Hakuin aber zögerte nicht, mit dieser Tradition zu brechen, und schrieb dieses Lied in der japanischen Sprache des täglichen Umgangs.

In unserer heutigen demokratischen Welt mag dies nicht von Bedeutung sein, zu Hakuins Zeiten aber war die Lage anders. So bewies er seinen festen Entschluß, die Zen-Lehre jedem zugänglich zu machen, ohne Unterschied. Damit drückte er seine große Liebe für seine Mitmenschen aus.

Der Aufbau des Gesangs

Der Preisgesang *Zazen* kann als eine umrißhafte Darstellung des Zen verstanden werden. Zuerst möchte ich auf seine »Struktur« eingehen. Man kann nicht mit Sicherheit sagen, ob der Verfasser Hakuin selbst diesen Aufbau im Sinn hatte, als er das Lied schrieb.

Dennoch finde ich darin einen systematischen Aufbau und nehme an, daß eine Deutung in dieser Art besser seinem Verständnis dient.

Der Preisgesang des *Zazen* besteht aus 44 Zeilen, die in drei Teile gegliedert werden können. Der erste Teil ist eine Art Einleitung. Er umfaßt die Zeilen 1 bis 14. In diesen wird das grundlegende Prinzip der Zen-Lehre erklärt, werden seine Merkmale und sein Ziel dargelegt. Der zweite Teil von Zeile 15 bis 40 entspricht dem Kern des Textes. Zuerst spricht Hakuin von der Größe der Zen-Lehre des Mahayana. Dann betont er die Tatsache der Zen-Erfahrung und beschreibt die neue Schau, die diese Erfahrung eröffnet. Der dritte Teil – Zeile 41 bis 44 – kann als Abschluß gelten. Hier zieht Hakuin den Schluß, daß das Ziel von Zen letzten Endes die Vollendung der Zen-Persönlichkeit ist, mit der man in dieser unserer realen Welt lebt und wirkt.

Der wesentliche Punkt in jedem der drei Teile kann jeweils durch die folgenden drei Zeilen zusammengefaßt werden:

I. Teil – Einleitung:
»Alle Geschöpfe sind im Grunde Buddhas.«   (1)
Zen gründet auf der eigenen ursprünglichen Buddha-Natur.

II. Teil – Haupttext:
»und die Wahrheit des Selbst-Wesens bezeugst« (30)
Man kann die Erleuchtung durch praktische Schulung erlangen.

III. Teil – Abschluß:
»deine Person der Körper des Buddha.«   (44)
Dann lebt er das Zen-Leben des Nicht-Tuns.

Die erste, dreißigste und letzte Zeile sind die Hauptstützen von *Zazen-Wasan*. Die anderen 41 Zeilen des Liedes sind Erklärungen. Es ist bedeutungsvoll, daß die dreißigste Zeile: »und die Wahrheit des Selbst-Wesens bezeugst«, die das Kernstück des ganzen Gesangs ist, die erste Zeile mit der abschließenden Zeile verbindet.

»Alle Geschöpfe sind im Grunde Buddhas«, beendet die noch abstrakte Wahrheit. Sie muß bezeugt werden durch »deine Person«, muß verwirklicht werden durch »dich« als »Wirklichkeit«. Wenn diese »Person« ihre Zen-Persönlichkeit vollendet, dann lebt sie als »wahrer« Mensch, für den »arbeiten Zen ist und sitzen Zen ist«. Der wahre Geist von Zen besteht in diesem *samadhi*, in dem er mit seinem ganzen Dasein tatsächlich aus der Wahrheit lebt und wirkt. In diesem Sinn kann *Zazen-Wasan* freizügig auf 44 Zeilen erweitert oder auch in der einen letzten Zeile zusammengefaßt werden.

Erläuterungen zum Preisgesang des Zazen

Teil I: Einleitung

»Alle Geschöpfe sind im Grunde Buddhas.«

Schon zu Beginn des *Zazen Wasan* erklärt Hakuin kühn die Grundregel des Zen. Es ist lebenswichtig, diese erste Zeile des Liedes ganz zu verstehen. Dies wird dem Leser auch helfen, die Zen-Lehre zu begreifen.

Das Lied beginnt mit den Worten: »Alle Geschöpfe.« Das japanische Wort hierfür ist *shujo*, und dies ist die Übersetzung des Sanskrit-Ausdruckes *sattva*. *Sattva* bedeutet »Geschöpfe, die in der Welt der Unwissenheit leben«. Dazu gehören in einem umfassenderen Sinn alle lebenden Dinge. Hier aber können wir in engerem Sinn diesen Ausdruck für die menschlichen Wesen anwenden.

Das Wort *Buddhas*, das nun folgt, ist nicht leicht zu verstehen. Es stammt von der Sanskrit-Bezeichnung *Buddha*. Dennoch ist dieser Ausdruck *Buddha* – auf japanisch: *hotok°* –, so wie er heute verstanden wird und in Japan üblich ist, ein ganz anderer wie der des Sanskrit-Originals. Das Wort *Buddha* wird im Sinn eines »heiligen und absoluten Wesens mit übernatürlicher Macht« gebraucht, »das zu einem vollkommen anderen Bereich gehört. Oft ist er der alles Könnende, der das Schicksal von allem in der Welt beherrscht.« Diese Vorstellung gleicht der Bezeichnung Gott im Christentum. Unnötig zu erwähnen, daß es viele Unterschiede zwischen diesen beiden Begriffen gibt, wenn man sie genau untersucht. Im Sanskrit ist die Bedeutung von Buddha vollkommen anders. Hier ist Buddha ein erleuchteter Mensch, ein Erwachter im Gegensatz zu dem Menschen der Unwissenheit. Aber er wird in jedem Fall der Welt zugerechnet, die auch die unsere ist. Das ist grundlegend in dieser Vorstellung von »Buddha«.

Fragen wir nach seiner Erleuchtung und wozu er erwacht ist, dann muß es vom subjektiven Standpunkt aus heißen: Er ist zur Buddha-Natur erwacht, zur *dharma*-Natur, die ihm von Anfang her mit der Geburt gegeben war. Im objektiven Sinn hat er die ewige Wahrheit erlangt oder die grundlegende Quelle des Seins. Wir nennen einen solchen Menschen auch: zu seinem Wahren Selbst erwacht. In jedem Fall ist Buddha, wenn auch ein großer Unterschied zwischen einem erleuchteten und einem unwissenden Menschen besteht, nicht ein absolutes Wesen, das getrennt von uns lebt und mit uns nicht identifiziert werden kann. Buddha ist also kein außergewöhnlicher Mensch, und der Ausdruck Buddha ist auch in der Mehrzahl anzuwenden. Buddha existiert nicht gesondert von geschichtlichen Wesen, die wirklich auf Erden leben.

In einem Zen-Text steht folgende Geschichte: In den Zeiten von Sakyamuni Buddha lebte ein Mann mit Namen Kogaku. Er war Schlächter von Beruf und tötete gewöhnlich über tausend Schafe am Tag. Einmal kam er zu Sakyamuni Buddha, warf das große Schlachtmesser fort und erklärte: »Ich bin einer von tausend Buddhas.« Ruhig blickte Sakyamuni ihn eine Weile an. Dann stimmte er zu: »Das bist du wirklich.«

In dieser Geschichte sind viele wichtige Fragen enthalten, aber ich möchte mich nur mit dem Ausdruck *Buddha*, so wie er hier gebraucht wird, beschäftigen. Nach dem indischen Denken jener Zeit, das an das Kastentum gebunden war, lag von Geburt an der Fluch des Karmas auf Kogaku und verdammte ihn zu einem verhängnisvollen Schicksal. Ein Schlächter war ein verlorener Mensch, der auf keine Rettung hoffen konnte. Buddha aber erkannte in diesem Schlächter einen der tausend Buddhas, eines der vielen erleuchteten Wesen.

Diese Erklärung des Ausdrucks *Buddha* wurde von den chinesischen Zen-Meistern der Tang- und Sung-Dynastien übernommen. Zen-Meister dieser Dynastien hinterließen viele *mondos* über die Frage, die alle beschäftigte: »Was ist *Buddha*?« Ihre Antwort und Erklärung war: »Ein Erleuchteter.« Diese Aussage wurde zur Grundlage ihrer Zen-Studien. Ich zitiere hier einige der berühmten *mondos*.

Ein Mönch fragte den Zen-Meister Sai von Ungo: »Was ist *Buddha*?« Als Antwort fragte dieser: »Wer bist du?« Hakuins Zurechtweisung bedeutete: »Du, der du mich eben befragt hast, was *Buddha* sei, bist selbst Buddha – oder nicht?« Ungo sah Buddha in seinem eigentlichen Wesen.

Ein anderer Mönch, mit Namen E-cho, fragte den Meister Hogen Buneki: »Was ist Buddha?« Der Meister antwortete: »Du bist E-cho.« Diese Antwort besagt: »Warum suchst du Buddha getrennt von E-cho, der gerade jetzt hier sitzt? Wo E-cho durch und durch E-cho ist, dort siehst du Buddha.«

Ein Mönch fragte Shuzan Shonen: »Was ist Buddha?« Shuzan gab die Antwort: »Die Braut reitet auf einem Esel, den der Bräutigam führt.« Diese Antwort beschreibt ein gerade verheiratetes Ehepaar. Die Braut reitet in ihrem schönsten Gewand auf einem Esel. In feierlicher Weise hält der Bräutigam die Zügel in der Hand und führt die Braut auf dem Esel heim. Die Braut in ihrem Hochzeitskleid und der Bräutigam, der den Esel führt – sind diese beiden nicht Buddhas?

Wenn ich dieses Bild eines neuvermählten Paares auf den Schauplatz unserer Tage übertrage, denn lenkt der Bräutigam den Wagen und die Braut sitzt neben ihm. Sind die beiden, so wie sie sind, nicht Buddhas? Nach Shuzans Worten sind Fahrer und Begleiterin in seinen Augen Buddhas.

Es gibt in den Zen-Texten eine fast unschätzbare Anzahl von Antworten auf die Frage: »Was ist Buddha?« Sie können nicht alle in dieselbe Kategorie eingeordnet werden. Verschiedene Antworten wurden von unterschiedlichen

Standpunkten aus gegeben. Alle aber beruhen in Wahrheit auf der Vorstellung von Buddha als Erleuchtetem. Auch in Hakuins Lied von *Zazen* meint Buddha zweifellos einen Erleuchteten und nicht ein absolutes Wesen oder einen Allmächtigen, der abseits von uns existiert, wie Buddha gewöhnlich verstanden wird.

Wenn wir mit solchem Verständnis den ersten Teil lesen, denn begreifen wir, daß alle menschlichen Wesen Erleuchtete sind. Dies ist eine erstaunliche Behauptung. Doch wird als Vorbedingung dem Satz noch das Adverb »im Grunde« hinzugefügt. Die erste Zeile stellt also nicht eine bedingungslose Behauptung dar. Die Feststellung, daß wir alle im Grunde Buddhas sind, bedeutet, daß wir alle mit dem Samen oder der Möglichkeit geboren werden, Erleuchtete zu sein. Obgleich wir mit dieser Möglichkeit geboren werden, ist diese im Augenblick noch nicht erweckt oder entwickelt. In jedem Fall aber ist das endgültige Ziel des Zen, eine ideale Zen-Persönlichkeit hervorzubringen. Zen lehrt uns, in unserem eigenen Selbst den Weg dorthin zu finden, da wir tatsächlich hier und jetzt leben und nicht irgendwo außerhalb von uns selbst. Es sollte die große Botschaft an alle Menschen sein, daß wir diese Möglichkeit in uns tragen.

Ein Zen-Satz lautet: »Der strahlende Edelstein liegt in deiner Hand.« Interessanterweise begegnen wir in Japan häufig einer an der Wand hängenden Schriftrolle mit dieser Aufschrift in dem Raum für Tee-Zeremonie. Wörtlich bedeutet dieser Satz, daß der strahlende Edelstein, den jeder hochschätzt und voller Eifer sucht, in der Hand des Suchenden selbst liegt. Wir können auch sagen, daß das wahre, unschätzbare Kleinod nicht Diamanten und Perlen gleicht, die irgendwo draußen gefunden werden können. Es liegt seit deiner Geburt in deiner Hand.

Der strahlende Edelstein symbolisiert hier die Buddha- oder *dharma*-Natur. Dieser Zen-Satz ist ein bildhafter

Ausdruck. Er besagt, daß alle Wesen vom Ursprung her Buddhas sind. Zen versucht unsere angeborene Buddha-Natur zu erwecken und ermöglicht uns als Erleuchtete aus dieser Verwirklichung zu leben. Das ist das Ziel von Zen.

Als nächstes ist die Frage zu klären: »Was ist die Buddha- oder *dharma*-Natur, mit der wir geboren sind?« Ich möchte einen Vergleich verwenden, der von alters her gebraucht wird. Im Buddhismus wird die Weisheit eines Erleuchteten häufig die Weisheit eines großen runden Spiegels genannt. Symbol dieses großen vollendeten Spiegels ist der Kreis. Der Spiegel ist ganz ohne Ich und Bewußtsein. Wenn eine Blume davor steht, gibt er eine Blume wieder. Wenn ein Vogel auffliegt, spiegelt er einen Vogel. Er spiegelt einen schönen Gegenstand als schön, einen häßlichen als häßlich. Alles wird dargestellt, so wie es ist. Auf seiten des Spiegels gibt es keinen unterscheidenden Gedanken, kein Selbstbewußtsein. Wenn etwas kommt, wird es einfach widergespiegelt. Wenn es schwindet, läßt der Spiegel es wieder gehen. Gleichgültig ob er etwas mag oder nicht – keine Spuren bleiben zurück. Dieses Nicht-Haften, dieser Zustand des Nicht-Bewußtseins oder die wahrhaft freie Haltung eines Spiegels wird hier mit der reinen, klaren Weisheit des Buddha verglichen.

Noch mehr: »Jeder wird vor dem Spiegel in gleicher Weise behandelt. Er macht keinen Unterschied zwischen reich und arm. Er läßt nicht den Reichen und Vornehmen schön erscheinen, weil er etwas Besonderes sei. Er macht den Armen nicht besonders häßlich. Männer und Frauen, Alte und Kinder werden vor dem Spiegel gleich behandelt. Ein hoher Berg oder ein winzig kleines Steinchen sind das gleiche. Ebenso ein Diamant und ein Stück Glas. Alles ist gleich. Ein solches unbeflecktes klares Bewußtsein, das durch und durch rein ist und völlig unparteiisch, ohne irgendeinen Unterschied, wird Buddha-*dharma* oder Selbst-Natur genannt. Zen lehrt, daß wir menschlichen Wesen ursprünglich diese Buddha- oder *dharma*-Natur in uns selbst besitzen. Wer zu dieser Wahrheit erwacht ist, wird ein Erleuchteter, ein Buddha, heißen. Der Spiegel ist ein guter Vergleich, aber es fehlt ihm die Möglichkeit des Erwachens. Das ist der Unterschied zwischen Mensch und Spiegel.

In der Wirklichkeit unseres Lebens fällt es uns nicht leicht, eine solche Lehre anzunehmen. Wir neigen dazu, Buddhas und Menschen völlig voneinander zu unterscheiden, und sind der Meinung, daß Buddha außerhalb von uns selbst existiert, erhaben und jenseits von uns. Hakuin versucht, dieses Mißverständnis aufzuheben. Er deutet auf die Beziehung zwischen Wasser und Eis hin, um diesen Fehler aufzuklären.

»Gleich wie Wasser und Eis (2): Es gibt kein Eis getrennt vom Wasser (3), gesondert von den Geschöpfen keine Buddhas.« (4)

Wasser kann warm sein, Eis aber ist kalt. Wasser ist formlos, Eis aber hat eine Form. Wasser ist flüssig und kann überall frei hinfließen. Eis aber ist fest und unbeweglich. Das Wasser läßt Pflanzen wachsen, gibt Fischen Leben. Eis aber fügt Pflanzen Schaden zu und tötet Fische. In diesem Sinn sind Wasser und Eis genaue Gegensätze. Sie erscheinen von Natur wesentlich verschieden. Die Bestandteile von Eis und Wasser aber sind die gleichen. Wenn wir Eis erwärmen, verwandelt es sich im Augenblick wieder in Wasser. Eis ist nur eine zeitweilige Form des Wassers. Bei sinkender Temperatur nimmt es diese vorübergehende Form an. Wenn wir begreifen, daß Eis Wasser ist, dann ist die Wahrheit, daß wir Menschen Buddha sind – und dies nicht anders sein kann – verständlich.

Hier möchte ich noch auf folgenden wesentlichen Punkt hinweisen: Die Wahrheit verstehen, ist das eine; die Wahrheit im eigenen täglichen Leben bezeugen, ist ganz etwas anderes. Beides sollte nicht miteinander verwechselt werden. Eis muß erhitzt werden, damit es Wasser wird. Das heißt, daß man durch echte Schulung hindurchgehen muß, um in seiner eigenen Person die Wahrheit zu bezeugen. Wenn man nur dabei bleibt, die Wahrheit zu erkennen und sie niemals bezeugt, dann kann man kein Erleuchteter werden.

Nicht wissend, wie nah ihnen die Wahrheit (5)
suchen die Geschöpfe sie oft in der Ferne –
welch Jammer! (6)
Sie gleichen denen, die im Wasser (7)
nach Wasser schrei'n vor Durst. (8)

Wir Menschen stehen in engster Verbindung zu Buddha, dem Erleuchteten. Da wir dies nicht wissen, wenden wir unsere Augen nach außen und gehen auf die Suche. Wie unsinnig, welch Jammer, bedauert Hakuin im Kommentar. Der Vergleich zwischen Eis und Wasser stimmt wirklich. Denn wir sind Buddhas, *so wie wir sind.* Darum sagt Hakuin weiter: »Sie gleichen denen, die im Wasser nach Wasser schrei'n vor Durst.«

Vor Jahren fuhr ein japanischer Dampfer zum ersten Male den breiten Amazonas-Fluß in Süd-Amerika hinauf. Es war eine lange Fahrt, und das Trinkwasser ging aus. Zum Glück kam ein englisches Schiff vorbei. Das japanische fragte durch ein Signal: »Habt ihr Trinkwasser übrig?« Die Antwort war: »Laßt doch eure Eimer ins Wasser hinunter!« Die erstaunte japanische Mannschaft folgte dem Rat, und wirklich war es Trinkwasser. Die japanische Besatzung, die nur kleine Flüsse in Japan kannte, hatte nicht gewußt, daß der besonders breite Amazonas ein Fluß war. Sie meinte, noch im offenen Meer zu sein. Machen wir, ohne dessen bewußt zu sein, nicht täglich ebensolche Fehler?

In einem Zen-Text steht ein *mondo*, in dem An von Chokei den Meister Hyakujo fragte: »Die Schüler wollen

Buddha verstehen. Was ist Buddha?« Hyakujo antwortete: »Er gleicht einem Mann, der einen Ochsen sucht, während er auf ihm reitet.« Chokei fragte weiter: »Was geschieht, wenn er sich dessen bewußt wird?« – »Er gleicht dann einem Mann, der auf dem Ochsen nach Hause reitet.« In diesem *mondo* weist Hyakujo gleichfalls auf die Torheit hin, daß man nach Wasser ruft, während man mitten darinnen steht.

Hakuin erzählt noch eine andere Geschichte, um die Beziehung zwischen gewöhnlichen Menschen und Erleuchteten darzulegen:

Sie gleichen dem Sohn des Reichen, (9)
Der unter Armen seinen Weg verlor. (10)

Dies bezieht sich auf das berühmte Gleichnis vom »Reichen Mann und seinem verlorenen Sohn«, das in einer buddhistischen Sutra, *Hoke-Kyo (Saddhar-mapundarika-sutra)* steht. Die zwei Zeilen sind daraus entnommen. Ich möchte kurz die Geschichte in Umrissen erzählen:

In Indien lebte ein steinreicher Edelmann, der nur einen Sohn hatte. Eines Tages wurde dieser entführt oder wollte nicht mehr heimkehren. Der Vater tat alles, was er konnte, um den geliebten Sohn wiederzufinden. Aber es war umsonst. Jahre vergingen, ohne daß er irgend etwas erfuhr. Je älter der Vater wurde, um so stärker wuchs seine Sehnsucht nach dem vermißten Sohn. Als der reiche Mann eines Tages aus einem Fenster im obersten Stock seines Hauses blickte, sah er einen jungen Bettler vor dem Haus stehen. Er bekam ein Almosen und wollte gerade wieder fortgehen.

Der reiche Mann sah das Gesicht des Bettlers und sprang in großer Verwunderung auf, denn er hatte seinen verlorenen Sohn erkannt. Er rief Diener und befahl ihnen, den jungen Bettler zurückzuholen. Einige liefen dem Bettler nach und versuchten ihn zurückzuhalten, aber der junge Mann weigerte sich und sagte: »Obwohl ich ein Bettler bin, habe ich nichts Schlechtes getan.« Die Diener versicherten ihm, daß sie ihm nichts vorzuwerfen hätten: »Unser Herr will dich sehen.« Sie konnten ihn aber nicht zur Rückkehr bewegen. Er wurde im Gegenteil noch ängstlicher und begann zu zittern: »Ich habe nichts mit einem solchen vornehmen Edelmann zu tun.« Zuletzt mußten die Diener heimkehren und ihrem Herrn erzählen, daß sie nichts hätten ausrichten können.

Voll Liebe zu seinem Sohn befahl der Reiche einem seiner jungen Diener, sich selbst als Bettler, dem Sohn gleich, zu verkleiden und sich mit ihm zu befreunden. Als der Diener-Bettler die Zeit für gekommen hielt, sagte er zu dem bettelnden Sohn des Reichen: »Ich habe eine gute Stellung gefunden. Die Arbeit ist nicht zu schwer und die Bezahlung ist gut. Wir bekommen auch ein kleines Zimmer. Laß es uns versuchen.« So wurden beide als Gärtner bei dem Reichen angestellt.

Der junge Mann arbeitete eine Weile als Gärtner. Als er sich dort eingewöhnt hatte, beförderte ihn der Vater zum Hausdiener. Nachdem er auch hier seine Arbeit gut verrichtete, übergab ihm der Reiche die Aufsicht über seinen Besitz. Schließlich wurde er sein Sekretär, damit er dem Vater nahe blieb und dessen Verpflichtungen übernahm.

Jahre vergingen. Der reiche Mann wurde älter und erkannte, daß er nicht mehr lange zu leben hatte. Da versammelte er seine Verwandten um sich und stellte den jungen Mann vor mit den Worten: »Dieser Jüngling ist in Wirklichkeit mein Sohn, der verschwand, als er ein kleines Kind war.« Er übergab ihm seinen ganzen Besitz und seine Stellung.

Sakyamuni Buddha erreichte seine Erleuchtung, als er den Morgenstern bei Dämmerung am Himmel funkeln sah. Dies geschah nach sechs Jahren härtester Suche. Es ist überliefert, daß Sakyamuni in höchster Freude ausrief: »Wie wunderbar! Wie wunderbar! Jeder ist mit dem Wissen und der Erscheinung der Tathagata begabt.« Dieser Ausspruch besagt das gleiche wie der Satz: »Alle Geschöpfe sind im Grunde Buddhas.« Diejenigen Menschen, die diese Worte des Sakyamuni hörten, verließen ihn. Die Menge hörte ihm gar nicht zu, sondern fand seine Worte lächerlich und meinte: »Wir sind voll Sünde, Gier und Launen. Wie sollten wir Erleuchtete sein? Betrüge uns nicht.«

Darauf entschloß sich Sakyamuni, »*dharma* entsprechend der Befähigung eines jeglichen zu lehren«. Zuerst mußte er predigen: »Ihr seid Sünder und voll Befleckung. Bereut und reinigt euch. Tut Gutes um eures zukünftigen Glückes willen. Haltet die Vorschriften ein.« Dann konnte er fortfahren: »Ihr alle denkt, ihr wäret hier und dort sei die Welt. Hier sei Unwissenheit, dort Erleuchtung. Doch alles Geformte verändert sich. Alles in der Welt ist nichts anderes als ein Ergebnis von Ursache und Wirkung. Das Glück des Lebens ist, dies wahrhaft und ohne Bindung zu leben.«

Nun kam die Menge gern, ihn zu hören, und Sakyamuni konnte auf diese Weise allmählich fortfahren, höhere Lehren darzulegen. Zuletzt erklärte er die Große Wahrheit, indem er sagte: »Die Zeit ist für mich gekommen, um euch die Wahrheit zu enthüllen. Jeder höre mir sorgfältig zu. Alle Buddhas erscheinen in dieser Welt, um menschliche Wesen zur echten Wahrheit zu erwecken.« Auf diese entscheidende Erklärung hin konnte die Menge zum ersten Mal die große Wahrheit annehmen.

Mit Hilfe von Bildern und Gleichnissen versucht Hakuin die Zen-Lehre und die allgemeine menschliche Lage klarzustellen. Diese vergleicht er gern mit dem Menschen, der verdurstend nach Wasser ruft, obwohl er inmitten von Wasser steht.

Die Geschöpfe durchwandern die sechs Welten, (11)
da sie verloren sind im Finster der
Unwissenheit (12)
Von Finsternis zu Finsternis wandernd, (13)
wie können sie je frei werden von
Geburt-und-Tod? (14)

Weil wir noch nicht zur Wahrheit erwacht sind, müssen wir von Finsternis zu Finsternis wandern und sind nicht in der Lage, die Welt der Unwissenheit zu verlassen. Damit betont Hakuin von neuem die Wahrheit, daß alle Wesen vom Ursprung her Buddhas sind, und erinnert uns, daß wir aus Verblendung gegenüber dieser Wahrheit die Erleuchtung nicht empfangen.

»Die Geschöpfe durchwandern die sechs Welten«, gibt eine einfache Ansicht über Leben und Tod wieder, die das indische Volk in frühen Zeiten vertrat. Es gibt auch heute noch viele Menschen in Indien, die an die Wiedergeburt glauben. Nach diesem Glauben sterben nicht die Seelen der Menschen, die von hinnen gehen, sondern wandern für immer, entsprechend den Früchten ihrer guten oder bösen Taten im Leben, durch die sechs Welten. Ihre nächsten Bestimmungsorte sind dadurch vorgezeichnet.

Die sechs Welten sind: 1. Die Hölle voll von allen Arten von Prüfungen und Leiden. 2. Die Welt der wilden Tiere verschiedenster Gestalt. 3. Die Welt des Hungertodes. 4. Die Welt des Kampfes, in der blutige Kämpfe Tag und Nacht stattfinden. 5. Diese unsere menschliche Welt. 6. Die himmlische Welt voller Freuden.

Von der Reinkarnationslehre ausgehend, wird der Mensch nach seinem Tod in einer dieser sechs Welten wiedergeboren, als Folge des Karmas, das er sich während seines Lebens aufgehäuft hat.

Der »Grund« dafür sind die Ursachen und Bedingungen nach dem Gesetz der Kausalität. Es gibt unmittelbare und mittelbare Ursachen für eine Wirkung, aber es müssen Bedingungen vorhanden sein, um eine Wirkung zu veranlassen. Bedingungen sind Kräfte, die den Ursachen behilflich sind, ihre Wirkung zu entwickeln. In vielen Fällen haben sie sogar weit größeren Einfluß auf das Ergebnis als die Ursachen. Für die Menschen, die im Gesetz der Kausalität leben, sind sowohl Ursachen wie Bedingungen von lebenswichtiger Bedeutung.

Deshalb müssen wir weiter die sechs Welten durchwandern, verwoben in das komplexe Gewebe von Ursachen und Bedingungen. Der entscheidende »Grund« für die Wiedergeburt aber liegt, nach Hakuins Aussagen, in unserem Nichtwissen der Wahrheit. Mit anderen Worten, in unserem blinden Trieb, der nicht zur Wahrheit erwacht ist. Würde dieser Instinkt erweckt, dann wären wir imstande, unsere Wanderung abzubrechen. Dann wäre unsere Befreiung erreicht und wir wären Erleuchtete.

In der 14. Zeile spricht Hakuin vom Freisein von Geburt und Tod. Dies ist das gleiche wie das Durchbrechen der Wanderung in Unwissenheit durch Erwachen zum Buddha-Geist, mit dem wir geboren wurden. Anders ausgedrückt: Wir müssen diese grundlegende innere Umkehr unserer Persönlichkeit bewirken und unmittelbar erkennen, daß »alle Geschöpfe im Grunde Buddhas sind«.

Teil II: Haupttext des *Zazen-Wasan*

Der zweite Teil von Hakuins Lied von *Zazen* (Zeile 15-40) umfaßt das Wesentliche des Textes. Er ist recht lang und inhaltlich schwierig. Darum werde ich mehrere wichtige Zeilen herausheben und die anderen nur kurz streifen.

Zazen, wie Mahayana lehrt: (15)
Kein Lob kann sein Verdienst erschöpfen. (16)

Der Satz: »*Zazen,* wie Mahayana lehrt« klingt sachlich und förmlich; man kann ihn aber auch im Hinblick auf Zen betrachten. Dann ist er grundlegend und alles umfassend. Zen oder *zazen* ist das Wesen des Mahayana-Buddhismus.

Ich bezog mich in gewissem Sinn bei meiner Erklärung der Überschrift von *Zazen-Wasan* auf diese Aussage. Die Zeilen 15 und 16 bestätigen, daß *zazen,* so wie es Mahayana lehrt, das heißt also Zen, jedes erdenkliche Lob und alle Bewunderung verdient. Nun fährt Hakuin fort:

> Die sechs *paramita*: Almosengeben,   (17)
> das Halten der Gebote und andere gute Taten,
> verschiedentlich aufgezählt,   (18)
> Anrufen des Buddha-Namens, Reue und so fort,   (19)
> sie alle kommen aus *Zazen.*   (20)

Hier wird die Verschiedenheit von Zen ganz allgemein zu anderen buddhistischen Lehren erklärt. Das Sanskrit-Wort *paramita* bedeutet: das andere Ufer der Erleuchtung erreichen. Mit anderen Worten: Es ist ein Weg zur Erleuchtung. Der Buddhismus lehrt im allgemeinen die Menschen, die folgenden sechs Tugenden zu üben:

1. *Dana* (Geben); 2. *sila* (Halten der Lebensgebote); 3. *virya* (Kampfgeist); 4. *ksanti* (Demut); 5. *dhyana* (Sichversenken); 6. *prajna* (rechte Weisheit).

Im Text werden nur die zwei ersten, das Almosengeben und das Halten der Gebote, erwähnt. Die übrigen sind ausgelassen.

Hakuin bezieht sich im weiteren auf verschiedene Schulungsmethoden wie *nembutsu* (das wiederholte Anrufen von Buddhas Namen), Reue und anderes, aber er erklärt, daß alle diese religiösen Handlungen, grundsätzlich betrachtet, letztendlich von Zen überdeckt werden und zu ihm zurückführen. So beschreibt er die grundlegende wie übersinnliche Natur von Zen:

Verdienst von auch nur einmal geübtem *Zazen* (21)
tilgt Schuld, zahllos gehäuft in der Vergangenheit. (22)
Wo sind die Pfade des Übels, die uns verführen? (23)
Das Reine Land kann nicht fern sein. (24)

Natürlich kann man zu diesen Zeilen verschiedene Erklärungen vom Standpunkt des Zen geben. Hier aber sollten wir sie als Lob des Mahayana-Zen ansehen. Es gibt im Zen einen Ausspruch: »Wenn man zehn Minuten in *zazen* sitzt, ist man zehn Minuten lang Buddha.«

Wer voll Demut auch einmal nur (25)
diese Wahrheit hört, (26)
sie preist und im Vertrauen befolgt, (27)
erlangt unendliche Glückseligkeit. (28)

Selbst wenn ein Mensch aus irgendeinem Grund nicht fähig ist, sich praktischer *zazen*-Übung zu widmen, doch diese Lehre des Mahayana vernimmt, sie für wahr hält und sich ihr mit Freude vollkommen anvertraut, dann wird er mit Gewißheit Segen empfangen. Hier preist Hakuin wieder den Mahayana-Zen. In diesen zwölf Zeilen (Zeile 17-28) erklärt Hakuin den Unterschied zwischen Zen und den anderen buddhistischen Schulen. Er kritisiert diese und stellt die lobenswerten Eigenschaften des Zen heraus.

Der wichtigste Teil des Liedes von *Zazen* ist in den nächsten vier Zeilen (Zeile 29-32) enthalten. Dies ist das Herzstück der Zen-Lehre. Darauf beruht Zen; aus diesen vier Zeilen entfaltet es sich:

Doch wenn du die Augen nach innen kehrst (29)
und die Wahrheit des Selbst-Wesens bezeugst, (30)

des Selbst-Wesens, das Nicht-Wesen ist, (31)
dann übersteigst du sophistisches Denken. (32)

Besonders die ersten zwei Zeilen: »Doch wenn du die Augen nach innen kehrst und die Wahrheit des Selbst-Wesens bezeugst«, sind von äußerster Wichtigkeit. Hier ist Geist und Leben des Zen. Zuerst wollen wir dies betrachten: »Die Augen nach innen kehren«. Ein alter Zen-Meister gab hierzu die Erklärung: »Man sollte sich nicht ablenken lassen auf die Wirklichkeit, die uns umgibt, sondern sich unmittelbar der eigenen Natur zuwenden. Dies ist die ›Hinwendung zu sich selbst und das Betrachten seiner selbst‹.« Die Wahrheit muß im Inneren, in sich selbst gesucht werden. Man sollte das Auge nicht nach außen richten und die Wahrheit in der relativen äußeren Welt suchen.

Es ist das wesentliche Merkmal des Zen, daß die grundlegende Wahrheit immer nur in sich selbst gesucht wird und niemals in irgend etwas Äußerem. Und warum sollen wir die Wahrheit innerlich, in uns selbst suchen? Weil »alle Geschöpfe im Grunde Buddhas sind«, wie Hakuin am Anfang seines Liedes darstellt. Auf der Erfahrung dieser Wahrheit gründet die gesamte Zen-Lehre. In diesem Aspekt zeigt Zen den Weg zur grundsätzlichen Auflösung des Selbst.

Das Wort Selbst-Wesen, das hier gebraucht wird, bedeutet die eigene grundlegende Natur, die der Mensch von Urbeginn an tief im Grunde seiner Persönlichkeit besitzt. Es ist das wahre Selbst im Gegensatz zu dem oberflächlichen Ich, die »Uranfängliche Buddha-Natur«, die Hakuin meint, wenn er zu Beginn des Liedes sagt: »Alle Geschöpfe sind im Grunde Buddhas«. »Das Bezeugen des Selbst-Wesens« ist das Erwachen zur ursprünglichen Buddha-Natur, die in unserer Tiefe liegt, und ist der Weg zur Selbst-Erleuchtung.

Unsere Aufmerksamkeit wird hier auf das Wort »bezeugen« gelenkt. Hakuin spricht nicht von »Erkennen des Selbst-Wesens« oder vom »Verständnis des Selbst-Wesens«. An die Stelle solcher intellektuellen Ausdrücke setzt er das Wort: »bezeugen, bekunden«, das aus der Erfahrung stammt. Das heißt, etwas mit dem ganzen Sein als wirkliche Tatsache erfahren. Die gesamte Persönlichkeit nimmt die Wahrheit der Selbst-Natur als lebendige Wahrheit an. Es mag nicht schwer sein, *über* diese Erfahrung zu *sprechen*, über das Erwachen zum »Selbst-Wesen« oder zum »Wahren Selbst«, das tief im Grunde unserer Persönlichkeit liegt; aber es ist durchaus nicht leicht, zur erlebten Verwirklichung als echter persönlicher Erfahrung zu gelangen. Dies ist so außerordentlich schwierig, daß der Durchschnitts-Mensch es kaum zu erreichen vermag. Und warum? Weil wir trotz der wahren Natur, die in unseren Tiefen liegt, in Wirklichkeit von vielen dicht verschleierten Schichten des dualistisch unterscheidenden Bewußtseins überdeckt sind.

Ganz einfach sagt Hakuin in seinem Gesang: »und die Wahrheit des Selbst-Wesens bezeugst…« Um zu diesem tatsächlichen Bezeugen zu gelangen, müssen wir vor allem unser ganzes alltägliches und oberflächliches Bewußtsein beseitigen. Dieser harte, schmerzvolle und fast verzweifelte innere Kampf, um das normale dualistische Bewußtsein zu vernichten, wird »Zen-Schulung« oder »Zen-Zucht« genannt. Wenn man nach langem und quälendem inneren Kampf das oberflächliche Selbst vernichtet hat, ist man das erste Mal zu seinem eigenen wahren Selbst erwacht. Man hat die Erleuchtung erfahren. Shido Bunan, ein japanischer Zen-Meister aus der mittleren Tokugawa-Periode, schrieb den folgenden berühmten Zen-Vers:

»Stirb, während du lebst, und sei vollkommen tot.
Dann tu, was immer du willst, alles ist gut.«

Shido Bunan benutzt eindrucksvolle Worte wie: »Stirb, während du lebst, und sei vollkommen tot.« Dies aber ist die unvermeidliche Entwicklung, die man durchlaufen muß während der Zen-Schulung.

In einfacheren Worten ausgedrückt, besagt dieser Vers: »das gewöhnliche dualistische Bewußtsein vernichten.« Geht man wirklich durch diese innere Erfahrung und erwacht in der Welt des Bewußtseins von neuem, dann öffnet sich ein anderer Ausblick. Der Mensch erlangt wahre Freiheit und Frieden. Shido Bunan beschreibt diesen Ausblick mit folgenden Worten: »Tu, was immer du willst, alles ist gut.«

Wenn wir auf die vergangene Geschichte des Zen zurückblicken, dann gibt es viele Beispiele von Zen-Meistern, die harte und quälende Schulung durchmachten. Die individuellen Schulungen können voneinander abweichen, entsprechend dem Talent, der Umgebung, den Lebensbedingungen etc. des einzelnen. Aber ich kann bestätigen, daß es nicht einen einzigen Fall der Erleuchtung gibt, ohne daß ein solcher harter und schwieriger Schulungsweg vorausging. Als Beispiel möchte ich den Bericht eines berühmten Zen-Meisters anführen, der die Wahrheit der Selbst-Natur bezeugt.

Kyogen wirkte als Zen-Meister im neunten Jahrhundert in China. Nachdem er zum Mönch geweiht worden war, folgte er zuerst dem allgemeinen Leben eines buddhistischen Mönches und widmete sich den akademischen Studien des Zen. Er war glänzend begabt und fleißig, und bald stand er im Ruf großer buddhistischer Gelehrsamkeit.

Kyogen aber erkannte, daß die gelehrten Studien allein ihn nicht völlig befriedigen würden. So entschloß er sich, Zen zu studieren, und wurde Schüler des Meisters Isan. Dieser wollte Kyogen die Erfahrung vermitteln, daß sein verstandesmäßiges Lernen völlig ungeeignet war, die grundlegenden Fragen zu beantworten. In der Hoffnung,

Kyogen zu veranlassen, sich in den Abgrund des Großen Zweifels zu stürzen, sagte Isan: »Ich habe weder Interesse an dem gelehrten Wissen, das du bisher aufgehäuft hast, noch an irgendwelchen Lehren, die du in den Sutras finden magst. Sag mir nur ein eigenes Wort über dein Selbst, ehe du geboren wurdest, als es noch keinen Unterschied zwischen Osten und Westen gab.«

Kyogen war in Verlegenheit und wußte nicht, was er auf eine solche Frage antworten sollte. Er nahm seine intellektuellen Fähigkeiten zusammen und versuchte, in irgendeiner Weise befriedigende Antworten zu geben und legte sie Isan vor. Dieser aber wies alle zurück mit der Bemerkung: »Dies steht in Büchern geschrieben und ist nicht dein Eigenes!« Kyogen hatte das Gefühl, als stehe er vor einer undurchdringlichen Eisenmauer, und wußte nicht, was er tun sollte.

Sicher sind unser Wissen und unsere Gelehrsamkeit sehr geeignet, um in der Welt vorwärtszukommen, und sind auch wirklich von großer Bedeutung. Aber sie können nicht die Entwicklung der Persönlichkeit bewirken. Sie können nicht an die fundamentale Grundlage der Persönlichkeit rühren. In diesem Sinn müssen Erkenntnis und Intellekt vor der Tiefe der Erfahrung weichen. Wissen hat nur wirkliche Bedeutung, wenn man tatsächlich erfährt, daß der Durst durch das Trinken von Wasser gestillt wird. Ohne diese Erfahrung bleibt Wissen Schulmeisterei.

Kyogen wurde in die Verzweiflung getrieben. Endlich wandte er sich an den Meister und flehte ihn an: »Hab Mitleid mit mir und gib mir die Belehrung.« Aber trotz der inständigen Bitten weigerte sich der Meister kategorisch, ihn weiter aufzuklären, indem er ihm sagte: »Auch wenn ich dir die Antwort geben würde, so wäre es *meine* Antwort. Sie hätte nichts zu tun mit *deinem* Verständnis, das du selbst erfahren und erlangen mußt.«

Nun schloß sich Kyogen in sein Zimmer ein und las alle

Bücher und Berichte, die er finden konnte. Dennoch konnte er Isan keine Lösung als Antwort bringen. Im Abgrund der Verzweiflung zerriß er alle Bemerkungen und Aufzeichnungen aus seinen früheren Studien und sagte: »Gemalter Kuchen kann den Hunger nicht stillen.« Entmutigt verließ er Isan und beklagte sein unseliges Geschick. Bei dem Zen-Meister E-chu, der in einer kleinen zurückgezogenen Einsiedelei lebte, wurde er Wächter. Seine Lebensgeschichte berichtet keine Einzelheiten über seinen Geisteszustand, nachdem er Isan verlassen hatte. Aber aller Wahrscheinlichkeit nach war er in tiefster Verzweiflung und weiterhin auf der Suche nach dem »Absoluten« in sich selbst. Ihm war, als stünde er Auge in Auge vor einer undurchdringbaren Festung. Sein Zen-Bewußtsein wurde immer stärker und wartete auf die Gelegenheit durchzubrechen.

Eines Tages, als er den Garten säuberte und in einem Korb Abfall zu dem Bambusgehölz hinter dem Haus trug und dort hineinwarf, da traf mit einem Schlag ein kleiner Stein aus dem Abfall einen Bambus. In diesem Augenblick wurde er seiner selbst inne. Das ganze Weltall stürzte in ihm zusammen, und seine innere Finsternis löste sich auf. Er brach in Lachen aus. In diesem Augenblick hatte er endlich seine Große Erleuchtung erlangt. Er »bezeugte« die Wahrheit seines »Wahren Selbst, ehe er geboren war«.

Kyogen wechselte seine Kleider, verbrannte Weihrauch und neigte sich in Ehrfurcht in Richtung zu seinem Lehrer Isan. Er dankte dem Meister mit den Worten: »Das Mitleid meines Meisters ist noch größer als das meiner Eltern. Hätte er mir Aufklärungen gegeben und mir die Antwort gezeigt, wäre ich niemals fähig gewesen, diese große Freude zu empfinden.« Kyogens Erlebnis ist in einem Zen-Text niedergeschrieben.

»Bezeugen« bedeutet hiernach, etwas als echte persönliche Erfahrung auszuweisen. »Bezeugen« ist grundlegend verschieden von »wissen«. Diese Erfahrung eröffnete ihm einen neuen Ausblick auf das menschliche Leben. Der Mensch wird als eine völlig neue Persönlichkeit wiedergeboren.

Noch eine andere Geschichte aus dem Leben des Zen-Meisters Hogen (gest. 958), der in China lebte, möchte ich erwähnen, um zu zeigen, wie man die »Wahrheit der Selbst-Natur bezeugen« kann.

Ein Mönch kam in das Kloster von Hogen. Einige Tage vergingen, ohne daß er den Meister sehen konnte. Dann rief ihn Hogen zu sich und sagte: »Du bist niemals hergekommen, um mich über die Zen-Studien zu befragen. Warum nicht?« Der Mönch gab zur Antwort: »Ich habe schon *satori* erlangt, deshalb brauche ich dich nicht mehr zu fragen.« Hogen aber fragte weiter: »Dann erzähle mir, welches *satori* du erlangt hast.« Stolz bestätigte der Mönch: »Bei meinem Aufenthalt in einem Kloster – ehe ich hierher kam – fragte ich eines Tages den Meister: ›Was ist Buddha?‹ Er antwortete: ›*Hei-tei-doji Rai-gu-ka!*‹ Auf diese Antwort erfuhr ich sogleich, daß es so war. Dies ist mein *satori.*«

Hei-tei-doji ist die Gottheit des Feuers. *Rai-gu-ka* bedeutet, nach Feuer suchen. Darum ist *Hei-tei-doji Rai-gu-ka* das gleiche, wie Buddha sucht Buddha. »Ursprünglich sind alle Wesen Buddhas.« Deshalb ist es nicht nötig, daß wir umherwandern und nach einem Buddha suchen. »Ich bin selbst ein Buddha gewesen. Alles ist gut, so wie es ist. Ich habe erkannt, wie töricht es wäre, weiter nach Buddha zu suchen.« Das wollte der Mönch mit seiner Antwort sagen.

Als Hogen dies vernahm, gab er deutlich sein Mißfallen kund und sagte: »Das zeigt gerade, daß dein *satori* eine Täuschung ist.« Von diesem unerwarteten strengen Vorwurf beleidigt, verließ der Mönch Hogens Kloster mit den Worten: »Warum soll ich weiter bei einem solchen unvernünftigen alten Mann bleiben?« Ärgerlich ging er fort, aber nachdem er einige Kilometer weit war, fühlte er sich irgendwie unsicher. Diese innere Unruhe steigerte sich immer mehr. Er blieb stehen und überlegte: »Es ist nicht wahrscheinlich, daß ein so großer Meister wie Hogen mich ohne Grund so hart angreift. Es mag falsch gewesen sein, daß ich so schnell mich erregte.« Er beschloß zurückzugehen und bat Hogen um gütige Belehrung.

Hierauf sagte Hogen: »Ich freue mich, daß du deinen Fehler eingesehen hast und zurückkehrst, um weiter zu lernen. Wärest du fortgegangen, ohne dies zu erkennen, dann hättest du dein ganzes Leben zugrunde gerichtet.« Dann fuhr der Meister fort: »Stelle mir noch einmal die Frage.« Und der Mönch fragte den Meister aufs neue: »Was ist Buddha?« Hogen erhob die Stimme und rief: »*Hei-tei-doji Rai-gu-ka!*« Er gab genau die gleiche Antwort, die der Mönch zuvor gegeben hatte. Seltsamerweise aber ermöglichten die gleiche Frage und die gleiche Antwort diesmal, das wahre *satori* zu erlangen. Der Mönch vergaß sich selbst, warf sich dem Meister zu Füßen und dankte ihm für sein Mitleid und seine Unterweisung.

In diesem berühmten *mondo* sind viele wichtige Fragen zu beachten. Ich möchte vor allem auf folgende Punkte eingehen: Der Mönch fragte seinen ersten Meister, als er bei ihm lernte: »Was ist Buddha?« Und der Meister antwortete: »*Hei-tei-doji Rai-gu-ka!*« (Die Gottheit des Feuers ist auf der Suche nach Feuer). Der Mönch behauptete, daß er mit diesen Worten das gleiche erfahren habe wie durch die Worte: »Buddha ist auf der Suche nach Buddha«, und: »Die Menschen sind deshalb Buddhas selbst.«

Dies aber war in Wirklichkeit nur ein verstandesmäßiges Begreifen. Es erreichte nicht die Tiefen seiner Persönlichkeit, um den grundlegenden Wandel zu bewirken. Mit anderen Worten: Seine sogenannte Verwirklichung war noch keine »Bezeugung der Wahrheit der Selbst-Natur«.

Dies erkannte Hogens klares, durchdringendes Auge. Deshalb mußte der Mönch noch einmal die wahre Erleuchtung suchen.

Das nächste Mal vermochte er sein ganzes intellektuelles Verständnis zu durchstoßen. So erfuhr er das »Bezeugen der Wahrheit der Selbst-Natur.« Aufgrund seines ernsten, aufrichtigen Suchens und seiner echten religiösen Sehnsucht konnte der Mönch diesen außergewöhnlichen Augenblick der Freude erfahren.

Dieses *mondo* wirft noch eine andere bedeutsame Frage auf, nämlich die nach der praktischen Zen-Schulung. Auf zweierlei Weise kann man sich dem Zen-Studium zuwenden. Das eine Mal in psychologischer, das andere Mal in philosophischer Weise. Im Idealfall sollten selbstverständlich beide Aspekte in einem Menschen verbunden sein und zusammenfallen. Tatsächlich aber ist es nicht leicht, in solcher idealen Weise Zen-Schulung zu betreiben. Man neigt zu der einen oder anderen Art.

Der Mönch erzählte Hogen, daß er bei den Worten seines ersten Lehrers: »Die Gottheit des Feuers ist auf der Suche nach Feuer« zu der Erkenntnis kam, daß dies dem Satz gleich wäre: »Buddha ist auf der Suche nach Buddha«, und: »Ich bin Buddha selbst«. Mehr Einzelheiten werden nicht ausgeführt. Es ist möglich, daß diese Erfahrung des Mönchs trotz allem etwas Wahres in sich barg. Wir sollten sie nicht einfach als unwesentlich abtun. »Feuer ist auf der Suche nach Feuer« kann gedeutet werden als ein Zustand des *samadhi*, in dem das Subjekt der Suchende, und das Objekt, das Gesuchte, eins sind. Dieser Zustand des *samadhi* aber neigt häufig dazu, nichts anderes als ein »psychologischer Zustand des Einsseins mit etwas« zu sein, und hindert das zugrundeliegende *prajna* (die wahre Weisheit), sich zu entwickeln.

Hogen erkannte, daß das *satori* des Mönchs noch in einem solchen psychologischen Zustand des *samadhi* steckte und nicht vermochte, zu *prajna*, der wahren Weisheit zu führen. So war sein *satori* noch nicht echt. Als später der Mönch getadelt wurde und Bedenken in seinem Bewußtsein aufstiegen, fragte er nach dem Warum. Dieser Zweifel fesselte sein ganzes Wesen. Sein Zen-Bewußtsein verstärkte sich durch Zweifel, auch wenn er selbst dessen noch nicht gewahr wurde. Zweifel steht in Beziehung zur Weisheit. Der Mönch stellte Hogen die gleiche Frage, aber seine innere geistige Verfassung war bei dieser zweiten Gelegenheit eine völlig andere. Hogen gab genau die gleiche Antwort, aber diese bewirkte den Durchbruch durch den Großen Zweifel und ermöglichte ihm das Öffnen eines neuen Auges der Weisheit. Nun hatte er die Erfahrung, »die Wahrheit der Selbst-Natur zu bezeugen«. Sie war tief genug, um seine Persönlichkeit von Grund auf zu verändern.

Frühere Zen-Meister lehrten, daß »unter dem Großen Zweifel die Große Erleuchtung liegt«. Der Große Zweifel ist Beginn oder notwendige Bedingung für die Fortsetzung der Zen-Schulung, deren Folge die Auflösung des dualistischen Verstandes ist. Zen vermag in aller Klarheit und Vollkommenheit den dualistischen Intellekt zu durchbrechen. Die Zen-Erfahrung geht in diese philosophische Tiefe.

Hakuin, der dieses Lied von *Zazen* schrieb, war selbst durch eine äußerst strenge Schulung hindurchgegangen. Als er mit vierundzwanzig Jahren einmal eine ganze Nacht hindurch *zazen* geübt hatte, verkündete die Glocke die Morgendämmerung. In diesem Augenblick wurden die Wolken, die sein Bewußtsein verdunkelt hatten, völlig durchbrochen. Es wird berichtet, daß er voll Freude aufsprang. In diesem geheimnisvollen Augenblick wurde sein geistiges Auge einer völlig anderen Dimension erschlossen.

Diese Geschichten zeigen, daß praktische Zen-Schulung unbedingt notwendig ist. Ohne sie verliert Zen Leben und

Geist. Zen-Meister der frühen Zen-Geschichte waren von hoher religiöser Geistigkeit und besaßen Willensstärke und große Gaben. Sie wahrten Disziplin und stießen aus eigener Kraft durch die Schranke des Dualismus hindurch. Diese große Freude der Zen-Erfahrung suchten sie mit anderen zu teilen, die ohne Hilfe nicht die Erleuchtung zu erlangen vermochten. Die frühen Zen-Meister erbarmten sich ihrer, und im Lauf der Zeit wurden Schulungsmethoden in gewisser Nachahmung der echten Erfahrung ausgearbeitet. Hierbei trat Hakuin besonders hervor. Er begründete eine neue Schulungsweise, durch die er möglichst vielen Menschen zur Zen-Erfahrung verhelfen wollte. Die meisten Zen-Klöster im heutigen Japan folgen den Beispielen von Hakuin.

Dennoch spiegelt sich in erheblichem Maß persönliche Befähigung des einzelnen in der praktischen Zen-Schulung wieder. Manche Zen-Meister neigen mehr zur Gefühlsseite hin, während andere philosophischer denken. Durch solche individuellen Neigungen haben sich einige Lehrer vielfältige, oft seltsame Schulungsmethoden angeeignet.

Gerade vor kurzem hörte ich, daß verschiedene, auf wissenschaftlicher Basis hergestellte »Drogen zur Erleuchtung« wie LSD immer mehr verbreitet werden. Diese Drogen sollen gewisse psychologische Wirkungen hervorrufen, die der Zen-Erfahrung ähnlich sind, ohne daß man durch die Härten der überlieferten Zen-Schulung hindurchgehen muß. Wenn ich auch nicht berufen bin, über diese Drogen zu sprechen, da ich niemals welche genommen habe, so möchte ich doch folgendes sagen: Vielleicht stimmt es, daß die Wirkungen, die diese auf wissenschaftlicher Basis hergestellten Drogen eine gewisse oberflächliche Ähnlichkeit mit einigen Aspekten der Zen-Erfahrung besitzen, aber weiter geht diese Ähnlichkeit nicht. Es wird, mit anderen Worten, eine Art von Gefühl oder ein psychologischer Bewußtseinszustand hervorgerufen. Wenn die

Wirkung der Droge vergangen ist, nimmt auch die psychologische Erfahrung ab, die man vielleicht gehabt hatte. Sie vergeht und dauert nicht im Leben an.

Der springende Punkt der Zen-Erfahrung ist, daß sie von Grund auf einen Wandel im eigenen Wesen bewirken – sowohl in philosophischer wie intellektueller oder psychologischer Hinsicht. Die ganze Persönlichkeit wird vollkommen umgewandelt. Der Mensch wird wiedergeboren zu absoluter Freiheit und Schöpferkraft.

Ich kann deshalb dem Gedanken nicht zustimmen, daß man versucht, mit Hilfe von Drogen Zen-Erfahrung zu genießen. Nur hartes, mühevolles Suchen führt zum Aufbau einer willensstarken und gesunden Persönlichkeit.

Kein Wort kann erschöpfend das »Bezeugen der Wahrheit der Selbst-Natur« beschreiben. Meister Mummon erklärte es so: »Man kann es mit einem Stummen vergleichen, der einen Traum hatte. Er hatte ihn – das ist alles.«

Die Erfahrung kann einen Schrei der Freude auslösen, aber alle Worte versagen, wenn man sie zureichend ausdrücken wollte. Natürlich wollen sich die Menschen, die lebendige Geschöpfe sind und von ihren Erfahrungen getragen werden, in irgendeiner Weise äußern. Ihr neuer Impuls aber, sich auszudrücken, wird nicht mehr von den alten, festgelegten Begriffen beschränkt. Jetzt leben sie in der schöpferischen Welt Gottes, in der sie häufig die Regeln des gesunden Menschenverstandes durchbrechen und ihre eigenen schöpferischen Ausdrucksformen hervorbringen.

Hierzu sagt Hakuin in den Zeilen 31 und 32: »(Wenn du erkannt hast) das Selbst-Wesen, das Nicht-Wesen ist, dann übersteigst du sophistisches Denken.« Er erklärt uns, daß logische oder verbale Bemühungen hier ohne Nutzen sind. Nicht-Wesen bedeutet natürlich nicht »reine Leere«, sondern bezieht sich auf die Wahrheit einer ganz anderen Ordnung. In dieser wird der Dualismus von Sein und

Nichtsein überschritten. Dies ist der Bereich, in dem logische Verstandesüberlegungen nutzlos sind.

In den Zeilen 33 bis 40 beschreibt Hakuin den Bereich »jenseits sophistischen Denkens«. Es ist die Welt, die das Auge eines Erleuchteten erblickt, das innere Leben, das jener erschloß, der »die Wahrheit des Selbst-Wesens bezeugt« hat.

> Das Tor zur Einheit von Ursache-Wirkung steht
> offen. (33)

Zeitlich kommt zuerst die Ursache, dann folgt die Wirkung. Sobald du einmal die Verwicklungen des unterscheidenden Bewußtseins erkannt und »die Wahrheit des Selbst-Wesens bezeugt« hast, übersteigst du den Dualismus von früher-und-später, von lang-und-kurz und bist Herr der Zeit. Ein solcher Mensch wird nicht mehr von ihr begrenzt, sondern schafft sie und benutzt sie zu eigenen Zwecken. In einem Samen liegen ewige Vergangenheit und ewige Zukunft. Von dieser Subjektivität aus werden Ursache und Wirkung entwickelt. Es wäre töricht, im Samen zwischen Ursache und Wirkung zu unterscheiden.

Joshu machte einst eine berühmte Aussage zu seinen Mönchen über die Zeit: »Ihr werdet von den vierundzwanzig Stunden beherrscht. Ich aber beherrsche die vierundzwanzig Stunden.« Er ließ sich niemals von der Zeit versklaven, sondern blieb Herr über die Zeit und machte freien Gebrauch von ihr. Über diese vollkommene Freiheit verfügen jene, die in der Einheit von Ursache und Wirkung leben.

> Der Pfad der Nicht-Zweiheit, Nicht-Dreiheit führt geradeaus. (34)

In *Hoke-kyo* (der *Saddharmapundarika*-Sutra) steht ein berühmter Satz: »Es gibt nur das *dharma* des Einen Fahrzeugs; keine Zweiheit, keine Dreiheit.« Hakuin sagt hierzu, daß es nur das *dharma* des Einen Fahrzeugs gibt. Dieses *dharma* des Einen Fahrzeugs bedeutet die »Einzige Eine Wahrheit«. Anders ausgedrückt, gibt es nur ein »Mahayana-Zen«, das uns nichts anderes lehrt als das »Bezeugen der Wahrheit der Selbst-Natur«. Dies ist die grundlegende Wahrheit, zu der unser ganzes Leben letztendlich zurückkehren, von der aus alles in unserem Leben hervorgebracht werden sollte.

Deine Form ist der Nicht-Form Form,   (35)
dein Gehen-und-Kommen geschieht nirgends, denn wo
du bist   (36)

Diese Zeilen bedeuten, einfacher ausgedrückt, daß derjenige, der die Wahrheit der Selbst-Natur bezeugt hat, niemals von äußeren Gegenständen gebunden oder eingeschränkt wird. Deshalb kann er in vollkommener Freiheit leben. Verschiedene Deutungen sind von alters her diesem widersprechenden Ausdruck, »Form der Nicht-Form«, gegeben worden. Ich habe hier nicht die Zeit, zu diesen Stellung zu nehmen, und möchte nur ein wohlbekanntes Beispiel geben:

Ein Mann macht schwere Gartenarbeit und hat schmutzige Arbeitskleidung an. Wenn ein Besucher gemeldet wird, zieht er diese aus und legt ein sauberes Kleidungsstück an. Dann begrüßt er als Gastgeber den Gast. Welches ist nun sein wahres Selbst – das des Gärtners oder des Gastgebers? Mit der Form der Nicht-Form können wir überall und unter allen Umständen leben.

Dein Gedanke des Nicht-Gedankens Gedanke,   (37)
dein Singen-und-Tanzen ist nichts als die Stimme
des *dharma*.   (38)

»Der Gedanke des Nicht-Gedankens« bildet ein Reimpaar
mit: »Die Form der Nicht-Form«. Es ist die Beschreibung
des inneren Lebens jenes einen, der die Wahrheit des
Selbst-Wesens bezeugt hat. »Die Form der Nicht-Form«
beschreibt dies, während »der Gedanke des Nicht-Gedankens« ein psychologischer Ausdruck ist. Shido Bunan tat
einen berühmten Ausspruch:
    »Nicht-Gedanke bedeutet nicht ›ohne Gedanken sein‹,
sondern ›keinen schmutzigen Gedanken haben‹.« Dies ist
das gleiche wie »wahrer Gedanke«. Es ist der Bewußt-
seins-Zustand, der frei ist von der Befleckung der dualistischen Unterscheidung. Von alters her gibt es zahlreiche
Erklärungen für den Begriff des »Nicht-Gedankens«, aber
ich möchte sie hier nicht aufzählen.
    In Japan wird Nicht-Gedanke oft mit »dem Bewußtsein
eines Kindes« verglichen. Im unbefleckten Bewußtsein eines Kindes ist keine dualistische Unterscheidung zwischen
Gut-und-Böse, du-und-ich vorhanden. Darum ist es klar
wie ein Spiegel, rein, ungeteilt und vollkommen frei.

Wie grenzenlos und frei ist der Himmel
des *samadhi*!   (39)
Wie beglückend klar der Mond der Vierfachen
Weisheit!   (40)

Hakuin vergleicht die Geistigkeit eines Erleuchteten mit
dem Mond, der am klaren Himmel scheint. Dieser bild-
hafte Ausdruck ist eine überlieferte buddhistische Terminologie.
    Samadhi ist jetzt in die japanische Sprache eingegangen,
war aber ursprünglich eine Bezeichnung aus dem Sanskrit,

die den fleckenlosen Zustand des Bewußtseins bedeutet. Anders ausgedrückt, ist *samadhi* schöpferische Einheit, in der Subjekt und Objekt eins sind. Der Gedanke des »Nicht-Gedankens« hat einen starken psychologischen Klang, aber *samadhi* ist ein dynamischer Ausdruck.

Die Welt, in der wir im allgemeinen leben, ist auf dualistischer Unterscheidung aufgebaut: Das Subjekt ist vom Objekt unterschieden, das Ich vom Du, der Schauende vom Erschauten etc. Zen erklärt nun, daß es eine andere Art zu leben gibt, eine andere Dimension. Es fordert uns auf, die Augen dem Bereich hin zu öffnen, in dem Subjekt und Objekt noch nicht voneinander getrennt und Ich und Du noch eins sind, dort zu leben und in dieser neuen Dimension zu wirken. Ein Zen-Meister gab dieser Wahrheit dichterischen Ausdruck:

> Wenn ich das Wasser schöpfe,
> ist der Mond in meiner Hand.
> Wenn ich eine Blume pflücke,
> ist mein Gewand voll Duft.

Wenn ich das Wasser schöpfe, bin ich selbst das Wasser und spiegele den Mond wider. Wenn ich eine Blume pflücke, bin ich selbst die Blume und mein ganzer Körper duftet. Auf diese Weise lebt ein Mensch des Zen in dieser Welt. Es gibt keine Unterscheidungen irgendwelcher Art, die ihn stören könnten. Er ist vollkommen frei und unbegrenzt. Hakuin sagt: »Wie grenzenlos und frei ist der Himmel des *samadhi*.«

Die »Vierfache Weisheit« bedeutet vier verschiedene Arten der Weisheit in der Erleuchtung. Es braucht nicht gesagt zu werden, daß es in der wahren Zen-Erfahrung keine unterschiedlichen vier Arten der Erleuchtung gibt. Hakuin will hier nur die charakteristischen Merkmale der Zen-Erleuchtung von vier typischen Aspekten aus betrachten.

»Vierfache Weisheit« zeigt die innere geistige Struktur des Menschen auf, der die Wahrheit der Selbst-Natur bezeugt. Die vier Aspekte werden folgendermaßen benannt: 1. Weisheit eines großen runden Spiegels, 2. Weisheit der Gleichheit, 3. Weisheit der echten Wahrnehmung, 4. Weisheit des wahren Wirkens.

Man darf nicht dem Mißverständnis unterliegen, es gäbe im Zen verschiedene Stufen oder Welten. »Die Wahrheit des Selbst-Wesens bezeugen« besagt das Öffnen des geistigen Auges für einen neuen Ausblick – das Wiedergeborenwerden zu einer erleuchteten Persönlichkeit. Vier verschiedene Erklärungen werden gegeben, um zu zeigen, wie diese erleuchtete Persönlichkeit unter verschiedenen Bedingungen wirkt. Wenn der Mensch erleuchtet ist, dann ist die vierfache Weisheit in ihm ausgebildet. Hakuin vergleicht dies mit dem leuchtenden Vollmond: »Wie beglückend klar der Mond der Vierfachen Weisheit!«

Als Zusammenfassung des Haupttextes und Wiederholung der wichtigsten Punkte: Der neue Ausblick, der sich dem Menschen geöffnet hat, der die Wahrheit der Selbst-Natur bezeugt, übersteigt in Wahrheit jede Beschränkung und alles sophistische Denken. Es ist die Botschaft aus dem Bereich einer grundsätzlichen anderen Dimension. Hakuin will uns dies auf seine Weise mitteilen. Deshalb spricht er von der »Einheit von Ursache und Wirkung«, von dem »geraden Pfad der Nicht-Dreiheit«, von der »Form der Nicht-Form«, von dem »grenzenlosen und reinen Himmel des *samadhi*«, von dem »beglückend klaren Mond der Vierfachen Weisheit«. Und währenddessen erzählt uns Hakuin, daß Zen für jeden von uns »das Bezeugen der Wahrheit des Selbst-Wesens« ist und ein neues Leben im Sinn einer anderen Seinsordnung.

Teil III: Schluß

In diesem Augenblick – was mangelt dir?	(41)
Nirvana zeigt sich dir.	(42)
Dort, wo du stehst, ist das Land der Reinheit,	(43)
deine Person der Körper des Buddha.	(44)

Wie schon früher festgestellt, kann Hakuins Preisgesang des *Zazen* als Einführung zu Zen verstanden werden. Diese vier Zeilen sind trotz ihrer Kürze der Abschluß.

Hakuin sagt: »In diesem Augenblick – was mangelt dir?« Was meint er mit »diesem Augenblick«? Welche Art von Zeit mag dies sein? Nach dem Inhalt ist es offensichtlich, daß sich diese Zeit auf den Augenblick bezieht, in dem man die Wahrheit der Selbst-Natur bezeugt. Wir sollten dennoch diese Zeilen nicht wörtlich nehmen und allein vom Aufbau des Liedes aus betrachten. Diese einfache Redensart, »in diesem Augenblick«, weist auf die Wahre Zeit hin, die jenseits der gewöhnlichen liegt. Wir müssen erfassen, was dieses bedeuten soll.

Im allgemeinen denken wir, daß die sogenannte Zeit auf einer geraden Linie verläuft, von der ewigen Vergangenheit zur ewigen Zukunft hin. Auf dieser geraden Zeitlinie führen wir unser Leben, und wir teilen sie in lang und kurz, in vorher und nachher ein. Es ist aber unverkennbar, daß wir bei einer solchen Zeit-Deutung immer an Zeit gebunden, von Zeit begrenzt und versklavt sind. Wollen wir wirklich rein sein und die Glückseligkeit eines unabhängigen Lebens kennenlernen, dann müssen wir diese Zeitbegrenzung durchbrechen.

Joshu war ein berühmter Zen-Meister der Tang-Dynastie in China. Eines Tages fragte ihn ein Schüler: »Welches Zen wurde vor vielen Jahren von Bodhidharma aus Indien nach China gebracht?« Die prompte Antwort lautete: »Was hat es für einen Sinn, über eine solche alte Geschichte zu sprechen? Was ist in diesem Augenblick dein Zen?« Für Joshu scheint gerade in diesem Augenblick, eben an diesem Ort wahres Zen auf – »hier und jetzt«. Es liegt weder in der Vergangenheit noch in der Hoffnung auf die Zukunft. Genauer gesagt: »Hier und jetzt« ist die Ewigkeit selbst, in der beides, das Vorher und Nachher, das Lange und Kurze einbezogen sind. Ich möchte eine solche Zeit »religiöse Zeit« nennen oder Zen-Zeit gegenüber der relativen Zeit, die mit Instrumenten oder nach einem anderen festgelegten Maßstab bemessen wird. Wir sollten gewahr werden, daß »in diesem Augenblick« sich auf die religiöse Zeit bezieht.

Ich las einmal einen interessanten Bericht aus China über das Thema Zeit, der aus dem sechsten Jahrhundert stammt, etwa der Zeit, in der Bodhidharma Zen von Indien nach China brachte. Damals gab es eine strenge buddhistische Vorschrift, nach der Priester und Mönche nicht später als zwölf Uhr mittags essen durften. Die Mönche des Theravadin-Buddhismus beachten diese Vorschrift noch heute.

Nun lebte zu jener Zeit ein frommer buddhistischer Kaiser mit Namen Butei (Kaiser Wu). Eines Tages versammelte er eine Anzahl buddhistischer Mönche und Priester zu einem Gespräch. Die Unterhaltung dauerte bis zum Mittagessen. Aus irgendeinem Grund trat eine Verzögerung ein, so daß es bereits nach zwölf Uhr war, als dieses stattfand. Da sagte der Kaiser Wu: »Es wird sehr bald zwölf Uhr sein. Wir wollen zum Essen gehen.« Natürlich erhob sich unter den Mönchen die Frage, ob sie zu dieser Zeit noch essen dürften. Ein Priester aber gab zu bedenken: »Nachdem der Kaiser sagt, es sei vor Mittag, sollte es wohl richtig sein, daß wir die Mahlzeit einnehmen.« Jeder stimmte zu, und so brachen alle die Vorschrift und aßen zur späteren Zeit.

Wir müssen begreifen, daß die Wahre Zeit ohne Zweifel

unabhängig von der relativen Zeit besteht, die vorüberge-
hend für unsere Bequemlichkeit festgelegt wurde. Hakuin
spricht in der 41. Zeile von »diesem Augenblick«. Dies bezieht sich auf die religiöse Zeit, die mit Gewißheit jenseits
der relativen Zeit liegt und die vorläufig von Menschen
nach Berechnung durch Messungen festgesetzt wird. Ein
Mensch, der in solcher »religiösen Zeit« lebt, hat nichts
mehr außerhalb seiner selbst zu suchen. Ihm fehlt nichts.

Wie kann man ein solches wahrhaft freies Leben aufbauen? Hakuin antwortet hierauf in der nächsten Zeile.
»Dies ist möglich, weil Nirvana sich dir zeigt!« Nirvana ist
ein Ausdruck aus dem Sanskrit, der »auslöschen« bedeutet. Wenn auch Hakuin die chinesische Übersetzung *jaku-
metsu* in diesem Lied gebraucht, so wird doch Nirvana im
allgemeinen als buddhistischer Ausdruck benutzt und gilt
heute als ein japanisches Wort. Ich möchte mich nicht auf
die etymologische Deutung dieses Wortes einlassen. Man
sollte Nirvana verstehen als eine Wirklichkeit, die »die
Wahrheit der Selbst-Natur bezeugt« oder als *satori* – Erfahrung des Zen. »Nirvana zeigt sich dir«, bedeutet also:
»*Satori*-Erfahrung zeigt sich dir.« Wenn die Zeile 41 sich
auf die religiöse Zeit bezieht, dann betrifft die 42. Zeile:
»Nirvana zeigt sich dir«, den religiösen Raum.

Unter den Menschen der Zen-Erfahrung wird folgende
Geschichte erzählt: Vor etwa sechshundert Jahren lebte in
Japan der berühmte Zen-Meister Sanko. Er war Lehrer des
damaligen Kaisers. Eines Tages fragte ein Mönch den Meister: »Bitte zeige mir das Wesen des Zen.« Unmittelbar
gab Sanko die Antwort: »Schau unter deine Füße!« Dies
bedeutet: »Wo stehst du jetzt?« Damit wird gesagt, daß
Zen nicht abseits von ebendem Ort existiert, an dem wir
jetzt stehen.

Es gab für Sanko keine Stelle, an der Zen nicht gegenwärtig war. Er lebte *satori* im gegenwärtigen Raum. Der
Mensch der Zen-Erfahrung, der die Wahrheit der Selbst-

Natur bezeugt hat, lebt in dem Bereich, in dem Zeit und Raum eins sind. Wenn ich noch weiter gehen soll, möchte ich behaupten, daß der wahre Zen-Meister als Herr über Zeit und Raum an dem absoluten Ort des »Hier und jetzt« lebt.

Der Satz: »Schau unter deine Füße!« aus dem berühmten *mondo* von Sanko wird gern von den Zen-Schülern in Japan gebraucht und gilt als tägliches Motto. Besucher in Zen-Tempeln können auf einer Tafel, angeschlagen an einer Säule in der Eingangshalle, diesen Satz als Mahnung lesen.

Nachdem Zen-Zeit und Zen-Raum erklärt wurden, ergeben sich die beiden folgenden Zeilen ganz von selbst:

Dort, wo du stehst, ist das Land der Reinheit,   (43)
deine Person der Körper des Buddha.   (44)

»Das Land der Reinheit« kann einfach als Reines Land oder als Paradies gedeutet werden. Hakuin stellt fest, daß das Paradies nirgends ist als hier »an diesem Platz«. Im allgemeinen nehmen wir an, daß eine ideale religiöse Welt wie das Reine Land oder Paradies in irgendeiner Außenwelt, weit fort und jenseits von uns existiere. Zen aber erklärt mit aller Deutlichkeit, daß Paradies »der Ort des Hier-Jetzt ist«. Zeile 43 entspricht den Zeilen 36 und 38, in denen Hakuin ausführt:

Dein Gehen-und-Kommen geschieht nirgends, denn
    wo du bist.
Dein Singen-und-Tanzen ist nichts als die Stimme
    des *dharma*.

Welch kühne Erklärung, welche frohe Botschaft!

Vor fünfhundert Jahren lebte Zen-Meister Ikkyu. Er war der Sohn eines Kaisers und wurde später Zen-Mönch.

Es ist bekannt, daß er in seiner Jugend eine sehr harte Zen-Schulung durchmachen mußte. Er war ein Freund des Volkes und wurde von den Menschen geliebt und geachtet. Sie nannten ihn »Ikkyu-san«. Er führte ein freies, unbeschränktes Leben als ein unkonventioneller Zen-Meister und hinterließ viele Anekdoten.

In der japanischen Gesellschaft jener Zeit wurde Zen von den oberen Schichten und den Samurai angenommen, während das Reine Land der Buddhisten unter dem gewöhnlichen Volk verbreitet war. Zen sagt, das Paradies sei hier in dieser Welt; die Schule des Reinen Landes behauptet, daß das Reine Land in westlicher Richtung jenseits von zehntausend Welten läge und der Fromme erst nach seinem Tod im Reinen Land wiedergeboren werden könne. Diese Lehre aber ist das genaue Gegenteil von Zen. Ikkyu schuf ein satirisches Gedicht, in dem er sich über die Lehre der Schule des Reinen Landes äußert:

> Das Reine Land in weitester Ferne,
>   ist zehn Milliarden Welten entfernt.
> Wie kann ich hoffen, dorthin zu gelangen
>   mit ein Paar Sandalen aus Stroh?

Auf dieses Gedicht wird häufig, auch heute noch, hingewiesen. Wie könnte man es aber unserer Zeit anpassen, nachdem wir Flugzeuge und Raumschiffe haben und nicht auf Strohsandalen angewiesen sind?

Die Schule des Reinen Landes mag ihre eigene religiöse Grundlage und Lehre haben, die diese Ansicht des Reinen Landes stützen. Zen aber verlangt den religiösen Raum – »hier-jetzt«. Deshalb erklärt Zen, daß die ideale religiöse Welt, die Reines Land oder Paradies genannt wird, nirgendwo anders ist als »hier-jetzt« in dieser Welt. Die erleuchteten Wesen, die in diesem Reinen Land wohnen, sind wir selbst. »Gesondert von deiner Person gibt es keinen Buddha.« In diesem Ausspruch erweist sich die charakteristische Lehre des Zen.

Vor kurzem herrschte in Japan eine große Meinungsverschiedenheit unter den buddhistischen Gelehrten der Schule des Reinen Landes über die Frage, ob man dem Reinen Land einen bestimmten festgelegten Ort zuteilen solle oder nicht.

Zen behauptet, daß der Platz, auf dem du stehst, das Reine Land ist. Vom religiös-philosophischen Gesichtspunkt aus wird Zen selbstverständlich erklären, daß das Reine Land an keinem festgelegten Ort existiert. Denn es gibt im Zen keinen Raum, an dem eine solche Frage aufkommen kann. »Dein Gehen-und-Kommen geschieht nirgends denn hier, wo du bist« und »dein Singen-und-Tanzen ist nichts als die Stimme des *dharma*«.

Wenn auch Zen über den Ort des Reinen Landes nicht spricht, so wirft es doch eine große Frage auf, wenn es lehrt, daß die ideale religiöse Welt, Reines Land genannt, nirgendwo anders ist als hier in unserer Welt.

Sind nicht wir und diese unsere Welt zu sehr beschmutzt und zu stark erfüllt von Leiden, als daß wir behaupten könnten, »diese Welt ist Paradies«? Damit will ich nicht sagen, daß diese Welt bedingungslos Paradies sei. Zen lehrt: »Alle Wesen sind im Grunde Buddhas.« Wer erklärt, daß dort, »wo du bist, das Land der Reinheit ist«, muß »die Wahrheit des Selbst-Wesens bezeugen«. Diese tatsächliche Wirklichkeit der Erfahrung, daß man die »Wahrheit des Selbst-Wesens bezeugt hat«, ist wesentliche Bedingung im Zen-Leben und gibt uns das Paradies.

In der Lebensgeschichte von Kisu, einem chinesischen Zen-Meister der Tang-Dynastie, steht folgendes bemerkenswertes *mondo*: Eines Tages ging Meister Kisu aus einem Zimmer in die Küche, in der einige Mönche arbeiteten. »Was tut ihr heute?« fragte er sie. »Wir arbeiten mit einer Handmühle.« — »Es ist gut, daß ihr das Korn mahlt, aber mahlt niemals die Walze.« Nach diesen Worten ging der Meister in sein Zimmer zurück. Man könnte diese Geschichte für Unsinn halten, denn worin liegt der Sinn dieser Worte des Kisu? Warum wurde das *mondo* als so bedeutungsvoll in der Geschichte des Zen überliefert?

Mahlen wir nicht die Welle mit dem Korn zusammen, wenn wir täglich Lärm machen und schreien? Kisu sagte dem Mönch: »Es ist gut, wenn ihr das Korn mahlt, aber mahlt niemals die Walze.« Er verlangt von uns eine feste, unverrückbare Grundlage, die tief und klar auf dem Boden unseres Bewußtseins liegt, ungeachtet der Geschäftigkeit und des Durcheinanders des täglichen Lebens. Ob wir im Reinen Land oder in der Hölle leben müssen, hängt in jedem Augenblick davon ab, wie wir diese unsere tatsächliche Welt annehmen und in ihr leben. Wir sollen nicht »die Walze mahlen«, obwohl wir das Korn mahlen dürfen.

Zen lehrt, daß religiöse Zeit und religiöser Raum »hier-jetzt« verwirklicht wird. Die religiöse Persönlichkeit, die »hier-jetzt« lebt, bist selbstverständlich »du«, behauptet Zen. Diese religiöse Persönlichkeit wird sich natürlich entwickeln und zugleich religiöses Wirken enthalten.

Joshu gibt folgendes *mondo*: Ein Mönch kam zu ihm mit der Frage: »Alle Dinge kehren letztlich zum Einen zurück. Aber wohin kehrt das Eine zurück?«

Alles in der Welt, jede Erscheinung im Weltall, kehrt letztlich zu der Einen höchsten Wahrheit zurück. Jedes Ding in der Welt kehrt am Ende zu Gott zurück. Wir können auch sagen, daß die Welt der Unterscheidungen zuletzt in die Welt der Erleuchtung zurückkehrt. Der Mönch wagte die Frage, wohin dieses Einssein oder die Eine Absolute Wahrheit zurückkehre. Vielleicht wollte er prüfen, wie sein Lehrer eine solch schwerwiegende Frage beantworten würde. Joshu aber erwiderte leichthin: »Als ich in dem Bezirk Seiju lebte, trug ich Kleidung aus der berühmten Fabrik des Ortes.« Der Mönch hatte nach der Wahrheit gefragt, nach Gott und der Erleuchtung. Es war eine sehr wesentliche Frage, die den höchsten Wert des Lebens betraf, aber Joshu antwortete mit der alltäglichsten Tatsache eines Kleiderkaufes.

Höchstwahrscheinlich erfaßte der Mönch nicht die wirkliche Bedeutung von Joshus Antwort und war über diese entsetzt. Für Joshu aber war die alltäglichste Handlung in sein religiöses Leben eingeschlossen, war sein Zen-Sein selbst. Alles, was er tat, bedeutete für ihn einen religiösen Akt. Anders konnte er gar nicht leben. Es gab in seinem Bewußtsein keine dualistische Unterscheidung von religiösem und nicht religiösem Leben.

Wir haben jetzt jede Zeile von Hakuins Lied von *Zazen* besprochen.

Die ideale Welt der Erleuchtung durch Zen ist hier-jetzt-dort, wo der Erleuchtete seine täglichen Handlungen ausführt. Sie kann nicht abseits von seinem wirklichen Tagesablauf liegen. Vielleicht erscheint dies zu banal und unwichtig.

Ich flog von Japan über den Stillen Ozean, um über »Zen« zu sprechen. Ist es banal oder Unsinn, daß ich meine Vorlesung mit den Worten beendete: »In Amerika sind die Kamelien schön«? Ich möchte, ganz im Gegenteil, folgendes dazu sagen: »Wie wunderbar ist das!«

Jetzt habe ich den Federhalter in meiner Hand. Wenn wir erfassen können, daß diese anscheinend unbedeutende Handlung im selben Augenblick zugleich das absolute Tun ist, das das ganze Weltall durchdringt, und unmittelbar mit der in den tiefsten Tiefen liegenden Quelle des Lebens zusammenhängt, dann sind wir fähig, das Geheimnis der Schöpfung zu erkennen. Ist das nicht wunderbar? Wir schulden den alten Meistern großen Dank, daß sie uns das Beispiel einer tiefen, reinen Zen-Persönlichkeit geben. »Mahle das Korn, aber niemals die Walze.«

Ich möchte noch eine wichtige Erklärung hinzufügen.

Die ideale Zen-Persönlichkeit, die im letzten Teil des Liedes beschrieben wurde, spiegelt die religiöse Philosophie des Zen wider. Der Aspekt der religiösen Ethik von Zen ist aber nicht hinreichend dargestellt. Um eine wahre religiöse Persönlichkeit zu sein, muß gleicherweise das sittliche Leben, das auf Religion gründet, entwickelt werden. Hakuin hielt es nicht für notwendig, die ethischen Aspekte einer religiösen Persönlichkeit ausführlich in diesem Lied zu beschreiben, da sittliches Leben nur ein Aspekt des religiösen ist. Natürlich bedeutet das nicht, daß dem idealen Bild eines Menschen, der Zen lebt, der ethische Aspekt fehlen würde. Hakuin betont in einem anderen Buch die Wichtigkeit der »Schulung nach der Erleuchtung«. Mit großer Bewunderung verweist er auf den Vers eines alten Meisters:

> Tokuun ist ein rostiger alter Bohrer,
> er steigt den Berg der Erleuchtung
> immer tiefer herab.
> Laßt solchen heiligen Narren uns holen,
> gemeinsam den Brunnen zu füllen mit Schnee.

Tokuun war ein großer Weiser in einer alten buddhistischen Erzählung. In diesem Vers aber wird er als ein rostiger alter Bohrer beschrieben. Ein neuer Bohrer ist scharf und nützlich. Ein rostiger alter ist stumpf, aber dennoch ein Bohrer. Zen betont die Notwendigkeit einer strengen und beharrlichen Disziplin, damit man seine Persönlichkeit züchtigt und schult.

Zusätzliche Schulung ist noch für den notwendig, der alles In-Zucht-Halten übersteigen muß, um zu der »ursprünglichen« Demut zurückzukehren und ein gewöhnliches alltägliches Leben zu führen, ohne irgendein Zeichen von Überheblichkeit. Dies heißt »Schulung nach der Erleuchtung« oder »Schulung des Abstiegs«. In dieser wird man einem rostigen alten Bohrer gleich, der nach außen überhaupt keinen Glanz zeigt, sondern alles im Inneren bewahrt.

Nach viel Mühen und Arbeit erreicht man den Gipfel des Berges. Danach muß man mit äußerster Achtsamkeit den Berg wieder heruntersteigen und zu dem täglichen Leben auf Erden zurückkehren. Einen solchen Menschen nennen wir einen »Großen Toren«. Er mag rostig aussehen, ist aber ohne Zweifel ein echter Bohrer. Auch wenn er ein gewöhnlicher, unauffälliger Mensch bleibt, so verbreitet er doch eine reine, klare Atmosphäre um sich. Jeder, der mit ihm in Berührung kommt, fühlt sich darin eingehüllt. Das ist die ideale Zen-Persönlichkeit. Menschen des Ostens haben von alters her das Verlangen, diese zu verehren.

Etwa vor hundertsiebzig Jahren lebte in einer abgelegenen Gegend Japans ein Zen-Mönch, der sich Ryokan, der »Große Tor« nannte. Er hatte kein Interesse – und bemühte sich auch nicht darum –, eine gesellschaftliche Stellung oder einen geistlichen Rang einzunehmen. In einem kleinen Berg-Heiligtum lebte er allein, spielte gern mit Kindern und führte ein armes, einfaches Leben. An einem Herbstabend, an dem der Mond voll Schönheit über ihm schien, kam er in seine Berg-Einsamkeit zurück und sah, daß seine geringe Habe, Schalen und Schüsseln, gestohlen war. Das veranlaßte ihn, ein Haiku-Gedicht zu schreiben:

> Der Mond vor dem Fenster!
> Gestohlen hat ihn kein Dieb.

Erinnert dies nicht an den heiligen Franz von Assisi?

Eines Tages lud der Bruder von Ryokan diesen in sein Haus ein. Der Bruder und seine Frau wollten, daß er ihren pflichtvergessenen Sohn zurechtweise. So sah Ryokan nach langer Zeit seinen Bruder wieder und blieb die Nacht bei ihnen. Am nächsten Morgen wollte er wieder in seine

Berg-Behausung zurückkehren. Der Neffe war gerade beschäftigt, die Strohsandale des alten Ryokan zu binden, als ein warmer nasser Tropfen auf seine Hand fiel. Gegen seinen Willen sah er hinauf und bemerkte, wie sein alter Onkel Ryokan mit Tränen in den Augen zu ihm herabblickte. Ohne ein Wort des Abschieds kehrte er in seine Bergeinsamkeit zurück.

Von diesem Tag an veränderte sich der Neffe und tat Gutes. Eine solche Persönlichkeit würde ich auch verehren. »Ein rostiger alter Bohrer« oder »Heiliger Narr« sind Bezeichnungen für einen solchen Menschen.

Zen sagt:

> Laßt solchen heiligen Narren uns holen,
> gemeinsam den Brunnen zu füllen mit Schnee.

»Den Brunnen mit Schnee füllen« — was für eine merkwürdige Äußerung! Würden wir versuchen, den Brunnen mit Erde oder Sand zu füllen, dann wird dieser, wenn auch die Menge, die man jeweils hineinschüttet, nur klein ist, doch eines Tages gefüllt sein. Wenn man dagegen versucht, den Brunnen mit Schnee zu füllen, dann wird niemals der Tag kommen, an dem dieses Ziel erreicht ist. Der ideale Zen-Meister ist ein solcher heiliger Narr, der Tag für Tag weiter füllt — lebt, ohne entmutigt zu werden, selbst wenn seine Anstrengungen niemals Belohnung finden. Auch Hakuin preist einen solchen großen Narren als den Menschen, der das ideale ethische Zen-Leben führt.

In einem anderen kleinen Buch habe ich eine Parabel gebracht, die das gleiche Zen-Ideal beschreibt. Ich möchte sie hier wiederholen.

Eine zarte kleine Taube sah einmal auf einem Berg Feuer ausbrechen, das viele Quadratmeilen Waldes niederbrannte. Die Taube wollte so gern die furchtbare Feuersbrunst löschen, aber was konnte schon ein zartes Vögelchen tun? Obwohl die Taube wußte, daß sie nichts vermochte, um in dieser Lage zu helfen, konnte sie doch nicht ruhig bleiben. In ihrem unbezähmbaren Mitleid begann sie zwischen dem brennenden Berg und einem weit entfernten See hin und her zu fliegen und brachte jedesmal einige wenige Tropfen Wasser in ihren durchnäßten Flügeln zum Berg. Nach kurzem waren die Kräfte der kleinen Taube erschöpft und sie fiel tot auf die Erde, ohne den geringsten greifbaren Erfolg.

Gewiß hat die menschliche Kultur im Lauf der Geschichte große Fortschritte gemacht, doch scheinen Leiden und Unglück in der menschlichen Geschichte nicht abgenommen zu haben. Die gegenwärtige Weltlage ist voll Armut, Mißtrauen, Krankheiten und Streit, die kein Ende zu nehmen scheinen. Hunderte und Tausende bedeutender Menschen, die man als Heilige und Weise verehrt, sind in der Vergangenheit auf Erden erschienen und haben ihr Leben für die Verbesserung der Welt eingesetzt. Offensichtlich aber haben menschliches Leid und Unglück nicht nachgelassen oder ihr Ende gefunden.

Immer und immer wieder haben diese Menschen versucht, ohne Dank den Brunnen mit Schnee aufzufüllen. Das wahre Zen-Leben ist hier zu finden, wenn wir alle zu echten großen Narren werden, wenn wir ruhig und ohne uns hervorzuheben unser Bestes geben, wohl wissend, daß unsere Anstrengungen niemals belohnt werden.

Selbstporträt Hakuins

Bodhidharma

Zen-Meister Rinzai

Sakyamuni Buddha in tiefer Versenkung

Die sechs Bilder von
»Ochs und Hirte«

Vorwort

»Wie sollen wir leben?«

»Worin soll der wahre Wert des menschlichen Lebens liegen?«

Seit alters her haben viele Weise und Heilige versucht, uns auf verschiedene Weise über diese Frage aufzuklären. Einer dieser Versuche sind die »Sechs Bilder von Ochs und Hirte«. Sie weisen auf das höchste Ziel des religiösen Lebens hin und zeigen uns das wahre Bild des Vertrauens. Hierbei benutzte der Autor, ein chinesischer Zen-Meister der Sung-Periode, das Gleichnis: »Ochs und Hirte« und entwickelte ein Gespräch, das eine Folge von sechs sehr sinnvoll angeordneten Bildern begleitet. Daher gewinnt das Buch überzeitliche Bedeutung und großes Interesse.

Ich hoffe, daß dem Leser durch diese liebenswürdigen Belehrungen, die diese Bilder begleiten, ermöglicht wird, mit dem wahren Geist der Zen-Schulung und seinem höchsten Ziel in Berührung zu kommen. Ebenso besteht die Hoffnung, daß wir aus den Bildern verschiedene Unterweisungen erhalten, wie wir unser Leben führen und wie wir versuchen sollten, Schritt für Schritt die wahre Bedeutung des Lebens zu erfassen. So könnte unser Streben nach »wahrer und herzlicher Menschlichkeit«, die wir in dieser entstellten Welt unverhüllt nur flüchtig erblicken können, gefördert werden.

Zeit und Raum erlauben mir nicht, unmittelbar auf die »Verse« einzugehen. Diese chinesischen Strophen, die auf japanisch *ju* heißen, benutzen höchst poetische und rhetorische Ausdrücke. Ihre Bedeutung mag etwas schwer begreiflich sein, aber vielleicht machen meine Erklärungen, die jeweils den einführenden Bemerkungen folgen, verständlich, was sie vermitteln wollen.

Wahres Zen wird ursprünglich gekennzeichnet durch »unmittelbare Zucht und unmittelbare Erleuchtung«, das heißt Erlangen der Erleuchtung auf geradestem Weg ohne Stufenfolge. Hierfür würden das fünfte und sechste Bild allein genügen. Da der Weg des wahren Zen recht schwierig ist, können nur diejenigen ihn meistern, die durch besondere Begabung und durch besondere Bedingungen begünstigt sind.

Dennoch versuchte Jitoku, Zen auf irgendeine Weise der Allgemeinheit verständlich zu machen. Sein Eifer und seine Güte drängten ihn, auf einer weniger hohen Ebene Zen zu erklären durch »stufenweise Entwicklung der strengen Schulung«, das heißt, nach schrittweisem Verlauf der Schulung die Erleuchtung erlangen. Dadurch wäre es leichter zu verstehen.

Ursprünglich habe ich diese Vorträge japanischen Laien gehalten und dabei sehr volkstümliche Erklärungen verwendet. Darin kamen Ausdrücke aus dem Jodo-Shinshu vor, die nicht im Geist des Zen sind.

Die ersten vier Bilder, die den allmählichen Vorgang der Schulung erklären, dienen im allgemeinen zur Darstellung der stufenweisen Zen-Schulung. Dennoch stellen sie eine Entwicklungsstufe zu dem dar, was in dem fünften und sechsten Bild aufgezeigt wird. Sie sind, mit anderen Worten, »ein Schritt zum Unmittelbaren (Plötzlichen)« oder »eine Stufe des Ganzen«. Wir sollten also begreifen, daß alle Bilder eine doppelte Bedeutung haben. Infolgedessen sind die sechs Bilder »Ochs und Hirte« nur ein Bild und das eine Bild sechs Bilder »Ochs und Hirte«.

Nicht nötig zu sagen, daß es in der Erleuchtung oder Wahrheit selbst keine solchen Unterschiede wie Erleuchtung und Unwissenheit oder stufenweise Entwicklung gibt. Aber wenn eine Schulungsstufe gesondert und unabhängig betrachtet wird, dann muß man die unterschiedlichen Stufen der Erleuchtung und Unwissenheit und die Stufenfolge als einzelne Vorgänge anerkennen. Vielleicht waren deshalb solche Versuche, Zen durch stufenweise Schulung zu erklären, der Mühe wert und notwendig, um der Allgemeinheit den Weg zu zeigen.

Man sollte verstehen, daß die Darstellungen, die in den Bildern von eins bis vier verwendet werden, das heißt, vor dem Erlangen der Erleuchtung, zweifaches bedeuten: Einmal die stufenweise Schulung, zum anderen den absoluten Sinn. Dieser übersteigt alle abgestuften Vorgänge. Werden diese Zeichen nur buchstäblich gedeutet, dann erscheinen sie mit Recht widerspruchsvoll und inkonsequent. Ich hoffe deshalb, daß die folgenden erläuternden Anmerkungen die wahre Bedeutung klarlegen und die vielen möglichen Mißverständnisse ausschalten können.

Erläuterungen zu den Bildern

1. Die Zen-Bilder »Ochs und Hirte«

Alte buddhistische Sutras aus sehr frühen Zeiten kannten schon Berichte von der schrittweisen Ausbildung eines wilden Ochsen, die verglichen wird mit den Stufen jener »Disziplin, durch die die Natur des Menschen, der den Pfad der Wahrheit verloren hat, allmählich geschult wird«. In der Sung-Periode, in der eine große Zen-Literatur entstand, wurden mehrere Bücher über diese menschliche Natur geschrieben.

Alle diese Bücher versuchten den Geist der Zen-Schulung und die geistigen Fähigkeiten, die man von einer solchen Schulung erhofft, in Bildern darzustellen. Diese Bemühungen trugen sicher dazu bei, Zen in jener Zeit zu verbreiten. Fumyos »Zehn Bilder vom Ochsen und Hirten«, Kakuans »Zehn Bilder vom Ochsen und Hirten«, die »Zehn Bilder des Weißen Ochsen« von einem unbekannten Autor und die »Sechs Bilder Ochs und Hirte«, die Jitoku verfaßte, gehören zu den berühmtesten.

Diese verschiedenen Darstellungen spiegeln naturgemäß die Persönlichkeiten und Besonderheiten ihrer jeweiligen Autoren wider, von denen jeder auf seine eigene Art die Bilder erläuterte. Alle aber versuchen, in gleicher Weise und auf einfache Art durch Vergleich mit dem Erlebnis vom Ochsen und Hirten den inneren Vorgang der Zen-Schulung zu erhellen und die höchste Stufe, die Ziel des Zen ist, zu erläutern.

Jitokus »Sechs Bilder Ochs und Hirte« zeichnen sich darin aus, daß er die in Fumyos und Kakuans Bildern enthaltenen Gedanken, die für die besten angesehen wurden, übernahm und die ganze Geschichte noch mehr vereinfachte und in diesen sechs Bildern anordnete.

Auf alle Fälle ist es notwendig, zuerst die Merkmale solcher wesentlichen Elemente zu kennen wie »Ochse«, »Hirte«, »schwarz und weiß«, »Rute«, »Kreis« etc. Die richtige Methode dafür ist das Erfassen der inneren Bedeutung, die sich von dem einen zum nächsten Bild hin entwickelt, und zu versuchen, diese persönlich zu erfahren.

2. Der Geist-Ochse

Es ist nicht nötig, noch besonders zu erwähnen, daß »Ochs und Hirte« Darstellungen sind, die in fortlaufenden Bildern aufzeigen, wie ein wilder Ochse abgerichtet und gezähmt wird. Die wichtigsten Fragen, die diese Bilder betreffen, sind: Was für ein Ochse ist dies und welche innere Bedeutung stellt er dar.

Die Antwort ist: Es ist der völlig reine und fleckenlose »Geist-Ochse«.

»Geist« des Ochsen meint hier nicht den gewöhnlichen Bewußtseinszustand. Wenn wir vom »Wahren Geist oder von der Wahren Natur« sprechen, dann meinen wir die höchste, allem zugrunde liegende Wahrheit des Weltalls. Seit alters her sind dem »Geist« verschiedene Namen zugeteilt worden, wie »Buddha-Natur«, »Wahrheit«, »Erleuchtetes Wesen«, oder auch: »Der Wahre Mensch«, »Nicht-Geist«, »das Ursprüngliche Gesicht«, »der Klang der Einen Hand«, »Wirklichkeit«, »die Wahre Existenz«, »das Absolute Sein«, »das Ewige Sein« etc.

Die Bedeutung von »Geist« ist so erhaben, so unergründlich, daß niemals ein Wort genügend umschreiben könnte, was Geist wirklich ist. Deshalb sagte der japanische Zen-Meister Eisai: »Er ist ewig unnennbar, aber notgedrungen sage ich ›Geist‹.« Mit diesem Wort wird die religiöse Wahrheit oder der Buddha-Geist dargestellt, das heißt der tiefste Grund unseres Seins oder die Heimat, in der wir uns selbst endlich in Frieden finden. Der Geist-Ochse ist somit der »Wahre Ochse«.

Vom Standpunkt des Geist-Ochsen aus ist der Ochse ursprünglich »der vollkommene reine und fleckenlose weiße Ochse«, der ewige »Geist-Ochse«, der niemals schwarz gefleckt war oder sich in die Wildnis verirren konnte. Es ist wieder der »Wahre Ochse«, identisch mit Himmel und Erde und eins mit allen Dingen auf Erden.

3. Das Weißwerden des Schwarzen Ochsen

Warum ist der Geist-Ochse auf den Bildern schwarz gezeichnet? Was ist die Bedeutung dieser schwarzen Farbe?

Schwarz besagt, daß dunkle Wolken der menschlichen Bindung, Unterscheidung, Täuschung, Unwissenheit etc. das Auge der Weisheit verdecken und es hindern, die Wahrheit zu sehen. Diese Tatsache wird auch durch die

Trennung von Ochs und Hirte angezeigt.

Der Buddhismus erklärt, daß jeder und alles ohne Ausnahme in sich die Buddha-Natur trägt. Diese Ansicht von Mensch und Buddha-Natur bildet das wichtigste Kennzeichen des Buddhismus. Tatsächlich gibt es nichts im Weltall, das von der Wahrheit ausgeschlossen ist.

Unsere Unwissenheit hindert uns daran, den großen Segen zu schätzen, daß wir vom Absoluten Sein umfaßt sind. So nehmen wir den völlig reinen und fleckenlosen weißen Geist-Ochsen in uns selbst nicht wahr und bilden uns ein, daß die Wahrheit etwas ist, das man außerhalb von sich suchen muß. Aus diesem Grund wird der Geist-Ochse in schwarzer Farbe dargestellt, und Ochs und Hirte stehen sich gegenüber.

Daß der wahre, vollkommen reine und unbefleckte weiße Ochse auf der einen Seite als weißer Ochse der Erleuchtung und auf der anderen Seite als schwarzer Ochse der Unwissenheit dargestellt wird, hat in der Hauptsache den gleichen Grund wie die Tatsache, daß die eine absolute Persönlichkeit einmal dargestellt werden muß als Mensch des wahren Geistes, der den Geist-Ochsen erlangt hat, und andererseits als ein Mensch von verblendetem Geist, gegen den sich der Ochse wendet.

Um die Bilder noch eindrucksvoller zu machen, auch leichter verständlich, benutzte der Autor diese zwei Symbole als Entsprechungen. (Bei den »Bildern vom Ochsen und Hirten« von Kakuan wird nur die Beziehung von Hirte und Ochs verfolgt, der Wechsel aber der Farbe des Ochsen von schwarz zu weiß wird nicht erwähnt. Vielleicht wollte er die Wiederholung des gleichen Gedankens vermeiden.) Würde nur das Weißwerden des schwarzen Ochsen auf den Bildern beschrieben und die Beziehung zwischen Ochs und Hirte ausgelassen, auch dann wäre die innere Bedeutung der Geschichte keine andere.

4. Der Hirte

Als Sakyamuni Buddha, der Begründer des Buddhismus, am achten Dezember bei Tagesanbruch den Morgenstern am Himmel erstrahlen sah, fand seine lange Askese ihr Ende. Sein geistiges Auge der Erleuchtung wurde geöffnet. Die Sutra berichtet, daß Buddha als erste Worte: »Wunderbar, wunderbar, wahrhaft wunderbar!« ausrief. »Jedes Wesen auf Erden ist ohne Ausnahme mit der Weisheit und den Tugenden des Tathagata begabt. Nur durch Unwissenheit und Bindungen wird man zurückgehalten, dies zu empfinden.« Wie ich schon erwähnte, ist dieser wesentliche Grundgedanke charakteristisch für den Buddhismus und bringt dessen Ansicht über den Menschen zum Ausdruck.

Ich möchte hier die Worte: »Weisheit und Tugenden des Tathagata« ersetzen durch: »vollkommen reiner und fleckenloser weißer Geist-Ochse«, da beides das gleiche bedeutet. Nach Ansicht des Buddhisten sollte der Mensch dieses: »Wunderbar, wunderbar, wahrhaft wunderbar! Jedes Wesen auf Erden ist ohne Ausnahme mit dem vollkommen reinen und fleckenlosen weißen Geist-Ochsen begabt«, verwirklichen.

Der Geist-Ochse ist stets gegenwärtig in jedem von uns. Das kann nicht anders sein. Man kann ihn deshalb nicht im Außen suchen. Leider aber sind nicht alle von uns zu dieser Wirklichkeit erwacht. Das bestätigt die Sutra: »Nur wegen der eigenen Unwissenheit und Bindungen ist der Mensch nicht fähig, seine Verwirklichung zu finden.«

Wir verschleiern den reinen weißen Geist-Ochsen, den wir alle in uns selbst haben, durch dunkle Wolken der Unwissenheit, der Bindungen und Täuschungen. Dieser beklagenswerte Zustand wird dargestellt durch die Trennung von Geist-Ochse und Hirte, die einander gegenüberstehen. Überdies wird der Geist-Ochse in schwarzer

Farbe gezeigt, als Symbol, daß der »Ochse ganz bedeckt von Täuschungen in die Irre geht und gegen den Hirten gerichtet ist«.

Der Ablauf, bei dem der wilde, vom Hirten getrennte Ochse allmählich gezähmt und endlich eins wird mit ihm, und die Entwicklung, durch die der schwarze Ochse nach und nach seine ursprünglichen Züge offenbart und weiß wird, drücken den gleichen Gedanken aus.

Mit anderen Worten: Das Zähmen des wilden Ochsen zum wirklichen Geist-Ochsen und das Weißwerden seiner schwarzen Farbe deuten auf das gleiche Ziel hin – darauf, daß wir im Geist erwacht sind und in unserer Person das lebendige Buddha-Sein verwirklichen. Zen nennt diesen Vorgang »das Erwachtsein zu dem wahren Selbst und die Verwirklichung von dem ursprünglichen Sinn des Lebens«.

5. Das Halfter des Vertrauens

Im Gegensatz zu anderen Geschöpfen kann der Mensch nachdenken und erkennen, wie schwach und häßlich er ist. Er stellt sich nun die ideale Persönlichkeit vor Augen und sehnt sich nach dieser. Hierin liegen Wert und Würde des Menschen. Es gehört auch zum Merkmal des Menschlichen, daß der Mensch, je tiefer er in das menschliche Leben hineinschaut, um so stärkere Sehnsucht empfindet nach dem, was wahr und ewig ist und nach dem, was zu unserer endgültigen Heimat werden kann. Dies ist das Verlangen nach unserer ursprünglichen Behausung.

Dieses Gefühl von Heimweh und Sehnsucht, das tief in uns vergraben liegt, wird sich zu »Vertrauen« entwickeln, wenn wir von fähigen Lehrern geführt werden. »Vertrauen« bedeutet Sehnsucht nach der Freude des Erwachens im Ewigen und Absoluten, das Glück, sein Selbst in

Buddha zu verlieren. Es ist das Verlangen, das nichts anderes kennt als die Sehnsucht nach dem Geist-Ochsen.

Das Halfter bedeutet »Vertrauen«. Ein Gedanke des Vertrauens ist in unserem Bewußtsein erwacht. Der Autor vergleicht dies mit dem Anseilen des Geist-Ochsen, der bis dahin verloren war, weil er in die Irre ging. (Hier wird er eingeführt als ein schmutziger, wilder Ochse von schwarzer Farbe.)

Ich habe einmal gehört, daß das Wort »Religion« etymologisch »anbinden«, »anjochen«, »befestigen«, oder »in Beziehung treten« bedeutet. Dies erschien mir sehr bemerkenswert. Gott und Mensch sind miteinander verbunden. Auch Buddha und die Unwissenden stehen in Beziehung zueinander, ebenso der Geist-Ochse und der Hirt. Nun erwacht das Vertrauen. Das Seil ist befestigt (ein Funke Vertrauen ist erwacht), und zum ersten Mal sind der Hirte und der Geist-Ochse miteinander durch das Seil verbunden. Dies ist der erste Schritt zu der endgültigen Vereinigung von Mann und Ochsen, zum Erwachen des äußeren Selbst im inneren Geist. Es muß nicht noch erwähnt werden, daß der Eifer der Suche nach der Wahrheit und die Begeisterung, die Wirklichkeit zu erforschen, durch Vertrauen ermutigt werden.

6. Die Rute der Sehnsucht

Die Rute in der Hand des Hirten zeigt Willen, Anstrengung und Mut, die wichtig sind, um irgend etwas zu vollenden. Wenn wir etwas vollbringen wollen, dann reichen Wissen und Wollen nicht aus. Mut wird verlangt, um die Bemühung eine gewisse Zeit aufrechtzuhalten. Noch mehr gilt dies für unsere Disziplin. Wie können wir erwarten, daß wir das Ziel erreichen, in die Quelle des Lebens einzudringen und die Freude des geistigen Friedens zu erlangen, wenn wir uns nicht mit unerschütterlichem Willen darum bemühen?

»Nur der blankpolierte Edelstein funkelt«, lautet eine ewige Wahrheit. Es mag stimmen, daß wir alle ohne Ausnahme die wahre Buddha-Natur (den Geist-Ochsen) in uns tragen, aber es wird für immer ein Edelstein bleiben, der in der Erde vergraben ist, wenn nicht ernsthafte Anstrengungen gemacht werden, um die Finsternis unserer tief eingewurzelten Unwissenheit zu durchbrechen und das Licht des weißen Ochsen zutage zu fördern.

Die Rute in der Hand des Hirten stellt die Kraft dar, mit der der wilde Ochse geschlagen und geführt werden muß, da er bald den Versuch machen wird, in die Wildnis davonzulaufen.

7. Ein Kreis

Die Tatsache, daß alle Bilder von Ochs und Hirte in einem Kreis angeordnet sind, mag dem Anschein nach keine unmittelbare Beziehung zum Inhalt der Bilder haben. Dennoch hat sie eine Bedeutung, die nicht übersehen werden sollte. Der Kreis kann mit einem blanken Spiegel verglichen werden.

Ein völlig blanker Spiegel ist nicht bloß leere Fläche, auch wenn er nichts zum Spiegeln hat. Er ist gefüllt mit der absoluten Macht, alles wiederzugeben. Und doch hat er nicht einen einzigen Flecken oder schmutzigen Punkt. Seit alters her bezieht man sich deshalb auf den Spiegel, um den »Wahren Geist«, »die Wahre Natur«, »das Grundlegende Prinzip des Weltalls«, »die Große Weisheit der Erleuchtung« oder »das Leben Buddhas« auszudrücken.

Zen nennt diese Verwirklichung der absoluten Geistigkeit »Erleuchtung« und bezeichnet den Zustand ohne eine solche Verwirklichung als »Unwissenheit«. Beide aber, Erleuchtung und Unwissenheit, sind Unterscheidungen auf der Oberfläche unserer Seele. Der Wahre Geist und die Wahre Natur in uns selbst oder die Geistigkeit an sich existieren immer, ungeachtet unseres geistigen Zustands, gleichgültig, ob wir erleuchtet oder unwissend sind. Wir alle, einschließlich des Universums, sind darin eingehüllt.

Mit anderen Worten: Ob wir uns dessen innewerden oder nicht, wir leben ganz in dieser Geistigkeit. Erleuchtung oder Unwissenheit sind in diesem Sinn nichts anderes als ein Schatten, der sich auf der Buddha-Natur oder auf unserer Geistigkeit selbst zeigt. Diese wird niemals stärker oder schwächer, ist niemals gereinigt oder befleckt, sondern behält stets ihren Glanz. Um dieses tiefe, edle Wesensmerkmal darzustellen, wird ein Kreis benutzt. In ihm wird der Vorgang von Unwissenheit zur Erleuchtung aufgezeigt.

Aus diesem Grund ist das fünfte Bild der »Bilder von Ochs und Hirte« die Grundlage der geistigen Vollendung. Sie wird von einem leeren Kreis dargestellt. Der Schauplatz der anderen Bilder ist nur der »Schatten« der Unwissenheit oder Erleuchtung, die auf der Absoluten Buddha-Natur oder der Absoluten Geistigkeit erscheinen.

8. Bibliographie

Die »Sechs Bilder von Ochs und Hirte« von Jitoku Eki stehen als Nr. 21 im zweiten Band von *Zoku Zokyo* (»Supplement to the Tripitaka«). Sie sind auch im *Zemmon Shoso Geju* (»Verses of Zen-Masters«) zu finden, die von Goroho, Shaku Shisho zusammengestellt wurden. In diesen Fassungen erscheinen aber nur die einführenden Bemerkungen und die Verse; die Bilder, die den Hauptteil des Buches darstellen, fehlen. Wahrscheinlich haben die Kompilatoren die Bilder ausgelassen, weil die einführenden Bemerkungen »den Inhalt der Bilder genügend erklären«. Oder sie hielten es nicht für notwendig, sie einzufügen. Weiteres über die »Bilder von Ochs und Hirte« ist in meinem japanischen Buch (Die Zen-Bilder von Ochs und Hirte, Kyoto; Kich-du, 1963) zu lesen.

9. Kurze Biographie über Jitoku

Es gibt zwei verschiedene Lebensbeschreibungen über Jitoku. Die eine steht in der Einleitung zu *Jitoku Eki Zenji Goruka* (Aussprüche von Eki Jitoku) im *Zoku Zoyo*; die andere im *Zoku Dentoruku* und in *Goto Eigen*.

Diese beiden Lebensbeschreibungen berühren sich nur in der Aussage, daß Jitoku ein Schüler von Tendo-Shokaku war. Sonst sind beide so verschieden, daß es nicht leicht ist, sich für eine zu entscheiden. Bisher haben sich die Geschichtsschreiber vor allem auf *Zoku Dentoruku* bezogen und aus irgendeinem Grund der Einleitung in *Goruka* wenig Aufmerksamkeit geschenkt.

Nach *Zoku Dentoruku* starb Jitoku am 29. November im 10. Jahr von Junki (1183) während der Regierungszeit von Kaiser Koso aus der südlichen Sung-Dynastie. Wie alt er damals war, ist nicht überliefert. Die Einleitung im *Goruka* besagt, daß er im Alter von 70 Jahren gestorben sei, am 15. Dezember im 29. Jahr von Shoko (1159) unter der Regierung des Kaisers Koso aus der südlichen Sung-Dynastie.

Auf alle Fälle scheint es klar zu sein, daß Jitoku zum Mönch geweiht wurde, als er noch ein Kind war, und daß er an verschiedenen Orten studierte, ehe er zu Tendo-Shokaku kam. Dieser gab ihm die Weihe des *dharma*. Später stand er verschiedenen Klöstern vor. Gegen Ende seines Lebens zog er sich auf den Berg Seccho zurück und verschied dort in Frieden.

Erstes Bild

Erwachen des Vertrauens

Ein Funke Vertrauen ist der Beginn,
er führt auf den Weg durch zahlreiche Wiedergeburt.
Elend bin ich fürwahr, nicht wissend von der Erleuchtung.
Staub über Staub häufe ich an, wo immer ich gehe.
Es grüßen die Gräser, wenn die Zeit gekommen,
Blumen erblühen Tag über Tag in wilder Verschwendung.
Mein Sehnen verlangt nach der Heimat – doch wie?
Es fließen die Tränen, schon feucht ist das Tuch.

Einführende Bemerkungen

Zum ersten Mal Belehrung des kundigen Meisters
    erweckt Vertrauen.
Ein Funke Vertrauen, einmal erwacht,
    öffnet für immer den Weg.
Ein weißer Fleck erscheint am Kopfe des Ochsen.

Folgende Geschichte wird von Nanin Roshi, einem bekannten japanischen Zen-Meister der Meiji-Periode, erzählt:

Einst besuchte ein junger Mann, der stolz auf sein ge-
lehrtes Wissen war, Nanin Roshi in seinem Kloster. Er
wurde in das Zimmer des Meisters geführt. Als er sich nie-
dergesetzt hatte, wurde ihm, wie dies der Brauch ist, von
einem diensttuenden Mönch Tee gebracht. Nanin belehrte
den Mönch, noch mehr Tee in die Schale zu gießen. Dieser
tat, wie ihm geheißen war. Als er anhalten wollte, bestand
der Meister darauf: »Mehr! Mehr!« Die Schale war jetzt
bis zum Rande gefüllt, und der Mönch konnte keinen Tee
mehr hineingießen. Dennoch verlangte der Meister voller
Strenge: »Mehr! Mehr«!

Der junge Gast konnte sich nicht länger zurückhalten
und sagte: »Die Schale läuft über, Meister!« Dieser erwiderte voll Ruhe: »Wenn man etwas vom anderen lernen
will, muß man sich zuerst leer machen. Sonst gibt es keinen Raum, in den die Unterweisung eingehen kann. Du
solltest jetzt besser heimgehen.« Der junge Mann schämte
sich bei diesen Worten und begann nun ernsthaft nach der
Wahrheit zu suchen.

Diese Geschichte lehrt uns etwas in vieler Hinsicht Be-
deutsames. Sie zeigt die Haltung, die wesentlich ist für
jene, die ein religiöses Leben führen und nach der Wahrheit suchen wollen.

Der erste Schritt auf dem Weg zur Religion ist das »sich

leer machen«. Dies bedeutet nicht nur, wie gemeinhin angenommen wird, demütig zu sein im Denken oder alles aus dem trugvollen Bewußtsein auszuräumen, damit dieses neu gefüllt werden kann. Es hat noch eine viel tiefere und härtere Bedeutung. Man muß der eigenen »Häßlichkeit und Hilflosigkeit« ins Auge sehen oder der des menschlichen Lebens selbst und sich Widersprüchen und Leiden stellen. Diese sind das »unausweichliche Karma«. Der Mensch muß tief in sein inneres Selbst hineinschauen, seine letzten Möglichkeiten übersteigen und über sich als »ein Selbst, das durch keinerlei Mittel gerettet werden kann«, verzweifeln. Aus dieser bittersten Erfahrung kommt das »sich leer machen«. Es steigt aus dem Abgrund der Verzweiflung und Todesangst auf, indem sich der Mensch mit Körper und Seele vor dem Absoluten niederwirft.

Der Schlüssel, der den religiösen Weg öffnet, ist diese Strenge, mit der man seine Hilflosigkeit erkennt und an sich selbst verzweifelt. Anders ausgedrückt: Wie tief man in das eigene innere Selbst eintaucht und sich selbst aufgibt. »Gerettet werden«, »erleuchtet sein« oder »Frieden im Geist finden« – das ist nicht das wichtigste. Shinran Shonin, der als größtes religiöses Genie in Japan verehrt wird, beklagte sich einmal: »Ich bin unwürdig jeder Aufmerksamkeit und sicher für die Hölle bestimmt.« Dies mag eine Hilfe sein zum Verständnis, daß jene, die im Elend leben, der Religion zugänglicher sind als die im Glück Lebenden.

Wenn man durch diese Erfahrung hindurchgeht, werden zum ersten Mal die Worte der großen religiösen Lehrer mit ganzem Herzen und ganzer Seele unmittelbar aufgenommen. Uneingeschränkte Dankbarkeit bricht als geistige Kraft hervor.

»Vertrauen« bedeutet auch vollkommenes »sich anvertrauen«. Dies heißt »sich leer machen«. Wie könnte man erwarten, zum wahren Selbst erweckt zu werden und die wirkliche Grundlage eines neuen Lebens zu erlangen, wenn man nicht sich selbst fortwirft und leer macht? Im Zen heißt es: »Einmal den Großen Tod sterben.« Wir müssen zuerst dieses Gefäß, das Selbst heißt, entleeren.

»Ein Funke Vertrauen, einmal geweckt, ist für immer Grundlage des Weges.«

Ein solcher Funke des Vertrauens ermutigt zur Hingabe, spornt den Wunsch nach guten Lehrern an und verstärkt das Verständnis. Sehnsucht und Verständnis werden dann ihrerseits Vertrauen und Hingabe vertiefen. Dies ist die seltsame menschliche Psychologie der gegenseitigen Anregung.

»Hingabe geschieht durch Verständnis und Verständnis durch Hingabe.« »Hingabe und Verständnis wirken zusammen und sind die Grundlage der Handlungen.«

Dies sind Äußerungen aus der eigenen Erfahrung großer Lehrer. Ein Funke »Vertrauen« ist deshalb für immer die Grundlage, auf der der Weg zuende gegangen werden kann.

Zweites Bild

Das erste Auftreten

Mein Bruder Ochse, ich frage dich:
»Warum hast du so lange gezögert,
    mir meine Fehler zu enthüllen?«
Wie viele *kalpas* hab' ich durchwandert,
    fort von der Heimat!
Wie lange Nicht-Wirklichem nachgejagt!
Zum Nicht-Gedanken kehrt jeder Gedanke zurück.
Was man gedacht, hinterläßt keine Spuren.
Nun beginn' ich den ersten Schritt auf dem Weg
dorthin, wo sich Nicht-Tun verwirklicht.

Schon erwachtes Vertrauen läutert sich jede Minute.
Kommt plötzlich Einsicht, Freude erhebt sich im Geist.
Von oben beginnend, ist völlig weiß jetzt der Kopf.

Das Erwecken von »Vertrauen« im Grund unseres Bewußtseins bedeutet, daß Sehnsucht nach etwas Größerem als menschliche Macht erwacht ist. Darin unterscheiden sich die Menschen von anderen Geschöpfen und lassen ihre geistige Anlage erkennen. Wenn einmal diese »Sehnsucht« aufgebrochen ist, wird die Geistigkeit des Menschen niemals befriedigt sein, bevor sie nicht das höchste Ziel erreicht hat.

»Läuterung in jedem Augenblick« wird durch diese innere geistige Kraft in Bewegung gesetzt. Aber nur echtes Bemühen wird ein rechtes Ergebnis hervorbringen. Die Härten, die die frühen Zen-Meister ertragen mußten, waren keineswegs gewöhnlich.

Vor etwa zweihundert Jahren lebte in Japan ein hochgestellter Priester. In purpurfarbenem Gewand betreute er den großen Tempel Daitsu-in in Niihashi. Als er über sechzig Jahre alt war, gewahrte er voll Kummer, daß sein geistiges Auge noch nicht geöffnet war. Er entschloß sich, bei dem berühmten Zen-Meister Hakuin zu lernen.

Der schon ältere Priester war sehr besorgt um seinen großen Tempel und doch ernst genug, um mehrere Jahre lang Tag für Tag zu Hakuin zu gehen. Aber noch hatte er die Schau nicht erlangt. Eines Tages kam er entmutigt zu Hakuin: »Trotz deiner barmherzigen Unterweisung kann ich nichts erblicken«, bekannte er ihm. Hakuin ermutigte ihn mit den Worten: »Verliere nicht so schnell den Mut. Verdopple deine Anstrengungen und versuche es noch drei weitere Jahre. Wenn du am Ende dieser Zeit noch nicht fähig bist, irgendwo anzukommen, dann schneide meinen

Kopf ab.«

Drei Jahre lang übte der Priester voll Ausdauer. Aber er konnte keine Lösung finden. Alle Kraft war erschöpft. So erschien er vor Hakuin: »Ich kann nichts erblicken.« – »Kannst du es nicht! Dann wird es auch nichts nutzen, wenn du mir den Kopf abschlägst. Versuche es zum letzten Male drei Monate lang.« Mit Tränen in den Augen ermutigte er den hochgestellten Priester, der jetzt fast siebzig Jahre alt war.

Noch immer konnte der Priester keine Verwirklichung finden, obwohl er sich fieberhaft bemühte. Zuletzt ging er wieder zu Hakuin und sagte unter bitteren Tränen: »Ihr habt mir so liebevolle Belehrung gegeben, und dennoch habe ich aufgrund meines schweren Karmas keinerlei Schau erlangt.« Da schrie ihn Hakuin an: »Nun ist Schluß! Es hat keinen Sinn, daß du noch länger lebst.« Darauf antwortete der Priester: »Ich danke dir sehr für deine gütige Unterweisung während dieser Jahre. Mit meinem Tod will ich sühnen, daß ich sie vergeudet habe.« Weinend nahm er den letzten Abschied und verließ schweren Herzens den Meister.

Der alte Priester stieg den Bergweg von Satta hinauf. Der Ausblick vom Steilhang war über alle Beschreibung schön. Er setzte sich am Wegrand auf einen Stein und warf einen letzten Blick auf diese Aussicht, voll Trauer über sein Schicksal. Er wurde nicht gewahr, daß er bald in tiefe Meditation fiel und alles um sich vergaß, auch die anbrechende Finsternis.

Stunden vergingen, und die ersten zarten Strahlen der Morgendämmerung durchbrachen den östlichen Himmel. Geistesabwesend stand er auf und wollte sich in den Abgrund stürzen. Gerade als er im Begriff war, vom Felsen zu springen, strahlte die Sonne aus den Wolken hervor. Er hatte das Gefühl, als liefe ein elektrischer Strom durch seinen Körper, und die Finsternis seines Geistes schwand.

Wie von Sinnen stürzte er zu seinem Meister zurück.

Mein Lehrer erzählte mir diese Geschichte in meiner Jugend, als wir zusammen vor dem Kamin saßen. Der Bericht von der Schulung und Erfahrung eines Zen-Mönches beeindruckte mich sehr. Selbst heute noch verbringen Zen-Mönche Jahre harter Schulung in den Klöstern und schöpfen Mut aus solchen Berichten von alten Meistern. Selbstverständlich kann man nicht erwarten, daß ein jeder durch solche Schulung geht. Wir sollten aber wissen, daß es für niemanden eine einfache Aufgabe ist, in der menschlichen Welt voll Leiden und Widersprüche eine unerschütterliche Grundlage aufzubauen und das wahre Leben zu führen, um die Freude zu erlangen, in der Glückseligkeit des Buddha zu leben.

Wir sollten am Morgen über uns nachdenken, am Abend Innenschau halten und das Leben der »Läuterung« fortführen, um uns zu reinigen, und sollten uns größte Mühe geben, damit wir in Wahrheit (*mahaprajna*) und Liebe (*mahakaruna*) leben. Wenn ich mit aufrichtigem Herzen meine Kleider wasche, dann werden die schmutzigen Kleider in meinen Händen immer reiner werden. Blüht nicht eine eben abgeschnittene Blume voll Duft selbst in den grausamen Händen, die sie abschnitten?

Die Mutter des berühmten Malers Millet soll ihren Sohn immer wieder ermahnt haben: »Male niemals für Geld, sondern diene Gott durch dein Malen.«

Mit einer Nadel, einem Spaten oder einer Feder in der Hand wollen wir Buddha dienen, mit aufrichtigem Herzen arbeiten und das Werk des Nicht-Handelns tun. Wenn wir uns wirklich in dieser Weise einsetzen, können wir mit Gewißheit wahre Freude erfahren.

Drittes Bild

Noch fehlt die echte Verwirklichung

Wie viele Jahreszeiten vergingen, da ich begonnen,
    dich zu bewachen und zu füttern,
    Ochse, mein Bruder!
Fast bist du bereit, der einzige vollkommen weiße
    im offenen Felde zu sein.
Nicht mehr verlockt vom saftigen Grün des Grases,
nahst du dem Berge Himalaya,
    dem Ziel unserer Reise.
Während die rechten Gedanken in Einheit
    gesammelt sind,
finden sich trügerische dem Strom noch beigemischt.
Wird all dieser Schmutz erst gründlich gereinigt,
Erreichen die sechs *vijanas*[1] den wahren Geist nicht
    mehr.

1 Bewußtseinsarten.

Einführende Bemerkungen

Eine Innenschau, die schon gewonnen,
    läutert sich Stufe für Stufe.
Die Weisheit ist strahlend und klar,
    doch fehlt die Verwirklichung noch.
Schon weiß ist die Hälfte des Körpers.

»In einem Augenblick ist die Wahrheit verwirklicht. Stufe für Stufe wird dieser Vorgang ausgeführt.« Dies ist ein bekannter alter Ausspruch eines Zen-Meisters. Hier kann man die »Wahrheit« einfach auslegen als den Grund oder das Prinzip der Dinge. Der »Vorgang« ist unser Handeln im täglichen Leben.

Der Mensch hat ein sehr vielschichtiges seelisches Verhalten. Selbst wenn wir den »Grund« – das Wie oder Was, das sein sollte – gut verstehen, so können wir dies praktisch nicht durch unsere Handlungen verwirklichen. Und das ist eine Ursache menschlichen Leidens. Wieviel wir auch von der grundlegenden Wahrheit wissen mögen, unsere Schulung ist nur halb gelungen, wenn wir die Wahrheit nicht durch unser Leben tatsächlich bezeugen können. (Deshalb ist nur die Hälfte des Körpers weiß.)

Kai, ein hoher Regierungsbeamter in der Sung-Dynastie, besuchte eines Tages Soshin von Oryo. Im Lauf der Unterhaltung bezog sich der Beamte voll Stolz auf das berühmte Zen-Wort: »Identisch sein mit dem Weltall und eins sein mit allen Dingen.« Kaum hatte er diese Worte ausgesprochen, schlug der Meister mit einem *nyoi*[1], den er in der Hand hielt, vor sich auf den Tisch. Dann schlug er eine kleine Katze, die neben ihm schlief. Aufgeschreckt sprang diese auf und lief davon. Ruhig fragte der Meister den Be-

---

1 Ein fantasievoll geschnitzter Stock oder Stab, der aus verschiedenstem Material bestehen kann. Wörtlich bedeutet *nyoi*: »Wie man will oder denkt« (Sanskrit: *cinta*).

amten: »Herr Kai, wenn alle Dinge identisch sind, warum läuft dann die Katze fort, während der Tisch unbeweglich bleibt?« Es wird berichtet, daß der Beamte nicht wußte, was er antworten sollte. Er brachte kein einziges Wort hervor.

Wenn die Schulung richtig sein soll, dann muß sie mit aller Anstrengung fortgesetzt werden, bis »Gedanke und Erfahrung« die gleichen sind. Bei der praktischen Durchführung erheben sich viele Probleme.

Das folgende bezieht sich auf meine eigenen Schulungstage. Es war im Nanzenji-Kloster. Daneben lag das Privathaus von Bukai Roshi, das eine Zeitlang vermietet war. Als das Haus wieder leer stand, befahl mir der Meister, es zu säubern.

Das Haus war nach dem Verlassen der Bewohner in einem schrecklichen Zustand. Auf irgendeine Weise schaffte ich es, die Zimmer zu reinigen. Doch als ich zur Toilette kam, war es noch viel schlimmer. Außerdem war es ein sehr heißer Tag im August. Gegen meinen Willen zögerte ich. Unbewußt hatte ich das Gefühl, als sei das, was ich anrühren müsse, etwas Schreckliches.

Ich merkte nicht, daß mein Lehrer Bukai Roshi hinter mir stand. Barfuß raffte er seine Kleider hoch und stieß mich wortlos zurück. Er nahm das feuchte Tuch aus meiner Hand und begann die schmutzige Toilette zu reinigen. Einen Augenblick stand ich entgeistert da. Dann sprang ich auf ihn zu, nahm ihm das Tuch ab und schrubbte die Toilette. Ich vergaß mich im wahren Sinn des Wortes.

Der Roshi blickte eine Weile auf mich herab. Dann sagte er: »Obwohl du ein nasses Tuch in der Hand hältst, vermagst du noch immer nicht eins mit ihm zu werden, weil du dich von dem Schmutzigen und dem Sauberen stören läßt. Schämst du dich nicht über deine Haltung?« Ich werde nie vergessen, wie sehr ich mich bei diesen Worten schämte.

Mit anderen Worten: Wir müssen eins mit der Situation sein und alle Begrenzungen überschreiten. Im Glücklichsein, wenn wir glücklich sind, im Traurigsein, wenn wir traurig sind, im Sitzen, wenn wir sitzen – in diesem Augenblick und an diesem Ort müssen wir eins sein mit dem Ereignis. Dies bedeutet wahre Zucht.

Natürlich ist das keine leichte Aufgabe. Aber auf unser »Vertrauen« bauend, müssen wir verständig Tag und Nacht in unserer Schulung fortfahren.

In der frühen Meiji-Periode lebte der große Zen-Meister Tesshu Yamaoka, der die Schwertkunst beherrschte und die »Nicht-Schwert-Schule« gegründet hatte. Er war ein vollkommener Meister des Zen und daneben noch ein hervorragender Schreibkünstler.

Meistens arbeitete er in der Kalligraphie und behauptete, daß er in seinem Leben die Tripikata in drei verschiedenen Arten von Schönschrift abschreiben würde. Ein Freund bemerkte dazu: »Es ist nicht leicht, auch nur eine Abschrift fertigzustellen. Welche schwere Arbeit hast du auf dich genommen, wenn du die Tripikata in drei verschiedenen Stilen abschreiben willst?« – »Es ist gar nicht schwer«, meinte Yamaoka. »Nicht schwer?« fragte der Freund erstaunt. »Ich schreibe genau eine Seite am Tag«, war die Antwort von Yamaoka.

»Nur eine Seite am Tag.« Wie großartig ist diese Haltung! Freude, Kummer oder der Druck der Arbeit – alles wird so genommen, wie es ist. Es ist die einzige Wahrheit des Tages, dieses Augenblicks. Eine friedliche Heiterkeit liegt in einer solchen Art zu leben.

Hui-neng, der sechste Patriarch des Zen, lehrte das »Einssein im Absoluten Tun« und unterwies uns, »mit dem Einen Wahren Geist zu leben, ob wir gehen, kommen oder verweilen«. Lehrt er uns damit nicht, daß wir unsere Schulung fortführen, indem wir das, was wir gerade in diesem Augenblick unseres Lebens zu Gesicht bekommen, als eine »Seite am Tag« annehmen? »Allmähliche Läuterung«, das heißt mühevolle Aneignung, wird in der Zen-Schulung verlangt.

Viertes Bild

Wahrer Geist

Die Wahrheit jenseits des Reiches der sechs *vijnanas*
ist die *udumbara*-Blume, inmitten von Feuer erblühend.
Jedweder Stütze beraubt, ruht sie vollkommen in sich.
Rein und von allen Bindungen frei,
kein Teilchen von Staub mehr in ihr.
Niemand bedarf mehr des Halfters.
Wo sind nun der Mann und das Tier?
Wie unermeßlich leer ist die Welt
    jenseits der Zeiten der Leere?[1]
Nicht Buddhas noch Patriarchen
    können die Wahrheit erfragen.

1 Bezeichnung für *kalpa*.

Einführende Bemerkungen

Keine Täuschungen mehr,
allein nur der Eine Wahrhafte Geist.
Rein, heiter und unbefleckt;
der ganze Körper ist vollkommen weiß.

Wenn die Schulung ihren Höhepunkt erreicht, sind alle menschlichen Befleckungen vollständig abgewaschen. Im schattenlosen Licht erstrahlt eine Klarheit ohne Konturen. Alles ist durchsichtig. Es herrscht die friedvolle, heitere Ruhe, die alles und jedes übertrifft. Zur gleichen Zeit fühlt man die vollkommene Standhaftigkeit, die von nichts erschüttert werden kann.

»Allein nur der Eine Wahrhafte Geist – rein, lauter und unbefleckt«, oder: »vollkommen weiß« – diese Worte drücken eine solche Erfahrung aus.

Ich überlasse dem Leser, diese Art von Geistigkeit nach seinem Gutdünken zu würdigen, und möchte nur eine Geschichte erzählen zum besseren Verständnis dessen, was dieses Bild aussagen will.

Gegen Ende der Tokugawa-Regierung – der Zeitpunkt ist nicht bekannt – lebte in einem kleinen Dorf von Kokubu ein hochgeschätzter frommer Shin-Buddhist (des Reinen Landes), ein *Myokonin* auf japanisch, der Shoma hieß. In einem kleinen Buch mit dem Titel: »The Sayings and Doings of Shoma« (Die Sprüche und Taten Shomas), das über sein Leben der Hingabe berichtet, lesen wir folgendes:

Der Abt des Shokaku-ji Tempels brachte diesem hingebungsvollen Buddhisten Shoma großes Wohlwollen entgegen. Hierüber war einer der diensttuenden Mönche ein wenig eifersüchtig. Er wollte Shoma wegen seiner Unbildung beschämen und fragte ihn, auf eine der Jodo-Shinshu-Sutras weisend: »Ich habe gehört, daß du als frommer

Mönch in hohem Ansehen stehst. Kannst du übrigens diese große Sutra verstehen?« Unmittelbar gab Shoma zur Antwort: »Ja, das kann ich wohl.« Der Mönch schlug eine Seite auf mit den Worten: »Sage mir, was auf dieser Seite geschrieben steht?« Harmlos antwortete Shoma: »Es heißt dort: ›Ich werde dich retten.‹ Das steht doch geschrieben?« Der Mönch konnte sich nur in Ehrfurcht verbeugen.

In den Augen von Shoma, der im Wahren Geist lebte, spiegelte sich jedes Wesen und alles, was er sah und hörte, als das große Erbarmen Buddhas wieder.

Gegen Ende der Tokugawa-Regierung – wieder ist das genaue Datum nicht bekannt – lebte ein anderer frommer Shin-Anhänger, eine Frau mit Namen Sono, in der kleinen Burgstadt Mikawa. Sie wurde von der gesamten Bevölkerung hoch geachtet, und viele vortreffliche Geschichten sind über ihr Leben der frommen Hingabe überliefert. Eine möchte ich wiedergeben:

Einst besuchte ein Shin-Anhänger nach langer Reise Sono und fragte sie: »Wie kann ich meinen Geist zur Ruhe bringen, entsprechend der Lehre von der Anderen Kraft?« Sie sagte ihm: »Morgens und abends mußt du, sobald dir etwas geschieht, ohne Nachlaß wiederholen: ›Dank für alles. Ich habe mich über gar nichts zu beklagen.‹« Der Mann ließ nicht mehr ab, von morgens bis nachts, wie ihm aufgetragen war, zuverlässig zu wiederholen: »Dank für alles. Ich habe mich über gar nichts zu beklagen.« Trotzdem fand sein Geist nicht den erhofften Frieden. Ganz erschöpft suchte er nochmals Sono auf und sagte: »Seitdem ich deine Belehrung empfing, tat ich, wie du mir geheißen. Dennoch kommt mein Geist nicht zur Ruhe. Was soll ich jetzt tun?« Unmittelbar antwortete Sono: »Dank für alles. Ich habe gar nichts zu beklagen.« Bei diesen Worten vermochte der Schüler, vielleicht wegen seines unermüdlichen Eifers, sein geistiges Auge zu öffnen. In großer Freude kehrte er heim.

Das echte Vertrauen von Sono war voll Kraft und Intensität. Wenn das Vertrauen eines religiösen Menschen diese Stufe erreicht hat, dann besteht nicht mehr der Unterschied zwischen der eigenen und der Anderen Kraft.

Ein Zen-Text, *hekigan* genannt, berichtet folgendes *mondo*: Bodhisattva Manjusri bat eines Tages Sudhana *sresthi-daraka* (Zenzai Doji): »Bring mir etwas, das nicht für etwas Gutes zu gebrauchen ist.« Zenzai suchte herum, aber wohin er auch ging, alles, was er sah und berührte, war für etwas Gutes zu gebrauchen. Er konnte nichts finden, was nicht für etwas Gutes zu gebrauchen war. Endlich kam er zu Manjusri zurück und berichtete ihm: »Es gibt nichts, was nicht Gutes wirken kann.«

»Dann bring mir etwas, was für etwas Gutes zu gebrauchen ist.« Ohne Zögern pflückte Zenzai einen Grashalm zu seinen Füßen und reichte ihn Manjusri. Manjusri nahm ihn, zeigte ihn der Versammlung und sagte: »Dieser eine Halm kann gleichzeitig Menschen töten und ihnen das Leben schenken.«

Das geistige Auge von Zenzai war makellos. Alles, was er ansah und berührte, war voll Segen (Ein Wahrer Geist). Wenn Manjusri ein einziges Unkraut in die Hand nahm, wurde es in das Absolute Sein verwandelt (den Einen Wahren Geist), das Unwissenheit und Erleuchtung, Töten und Lebenschenken übersteigt.

Fromme Menschen wie Shoma, Sono, Manjusri, Zenzai, Hirte und Ochs sind alle eins im Wahren Geist, sind eins im geistigen Frieden. Wir können sagen, daß die Schulung hier vollendet ist.

Fünftes Bild

Beide vergessen

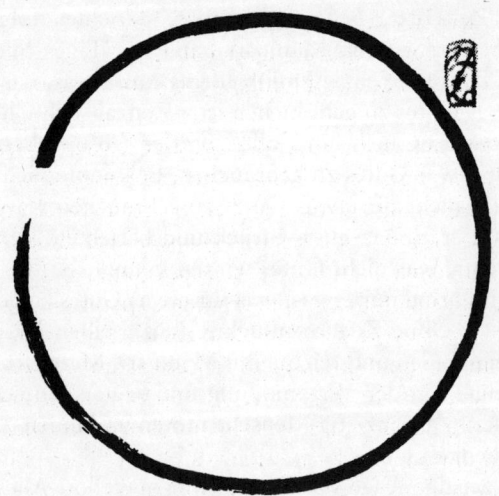

Kein Mann mehr, kein Ochse – keinerlei Nachricht.
Verlassen der frühere Pfad – keine Freunde –
  nicht eine Seele.
Vom Nebel ist alles umhüllt;
  über den Felsen liegt völliges Schweigen.

Moos bedeckt Weg und Hang.
  Niemand geht auf des Berges Pfaden.
Das Bewußtsein ist leer, entleert
  von jedem Gedanken.
Nicht prägen der Vorstellung Spuren
  sich ein in die Zeit.
Wo ist der alte Angler mit seiner Rute?
Dunkle Blätter bedecken den Bergstrom.

Einführende Bemerkungen

Mann und *dharma*, beide vergessen,
Knabe und Ochse im Schlaf.
Jenseits der Formen unendliche Leere,
die Große Befreiung genannt,
das Leben der Buddhas und Patriarchen.

Bokuden Tsukahara, einer der größten Schwertmeister des
alten Japan, hatte drei Söhne. Alle drei hatten ihres Vaters
große Begabung geerbt und beherrschten die Kunst des
Fechtens. Gegen Ende seines Lebens wollte Bokuden die
Fähigkeit seiner Söhne prüfen. Eines Tages rief er zuerst
seinen jüngsten Sohn in sein Zimmer. Dieser ging, wie gewohnt, den Korridor entlang und riß die Tür zu seines Vaters Zimmer auf. Unerwartet fiel etwas auf seinen Kopf.
Doch bevor es ihn berührte, sprang er zurück und zog,
schnell wie der Blitz, seinen Degen. Als er herabblickte, lag
ein Ball, mitten durchschnitten, zu seinen Füßen. Bokuden
hatte im voraus einen Trick am Türsturz vorbereitet, so
daß der Ball niederfallen mußte, sobald die Tür berührt
wurde.

»Geh in dein Zimmer zurück«, sagte der Vater zum
jüngsten Sohn. Dann rief er den zweiten zu sich. Dieser
öffnete nichtsahnend die Tür, und der Ball fiel auf seinen
Kopf. Er aber hielt ihn mit den Händen fest. »Warte in deinem Zimmer«, sagte der Vater.

Zuletzt wurde der älteste Sohn gerufen. Als dieser gerade das Zimmer betreten wollte, wurde er intuitiv gewarnt. Er nahm den Ball, der gefährlich auf dem Türsturz
lag, herunter, setzte sich vor Bokuden nieder und sagte:
»Du wolltest mich sprechen, Vater.«

Bokuden rief die beiden anderen Söhne wieder herein.
Er machte dem jüngsten bittere Vorwürfe: »Du solltest
dich schämen, daß du dich so erregt hast, auch wenn es

nur für einen Augenblick war.« Dann ermunterte er den zweiten Sohn und sagte zu ihm: »Es ist nur noch eine Anstrengung nötig, mein Sohn. Übe nur weiter, und lasse niemals nach.« Zum Schluß wandte er sich an den ältesten Sohn und bestätigte die Vollendung seiner Schulung mit den Worten: »Ich freue mich, daß du jetzt würdig bist, mein Nachfolger zu werden.«

Diese Geschichte mag erfunden sein, aber darauf will ich hier nicht eingehen. Welche wunderbare Geschicklichkeit, mit einem Schwertschlag den Ball zu durchschneiden, der ganz unerwartet auf seinen Kopf fiel! Dies ist gewiß der Bewunderung wert. Bokuden, der Vater, aber wies den Sohn streng zurecht. Warum? Das Ziel der Schwertkunst besteht nicht im Stolzsein über glänzende Geschicklichkeit. Der Meister der Schwertkunst hat alle Technik zu überschreiten und, ohne seine Kunst auszuüben, den Sieg zu erringen. Bokuden war der Ansicht, daß erst als wahrer Meister der Schwertkunst gelten kann, der wahrhaft die Geheimnisse des Schwertes gemeistert hat, wer diese Fähigkeit erlangt hat. Nun zum fünften Bild: »Beide Vergessen« wird dargestellt durch einen Kreis, in dem nichts ist als Leere. Dies ähnelt der Haltung des ältesten Sohnes von Bokuden, der mit Absicht übersah, wie der Sohn handelte, ihn aber als seinen Nachfolger anerkannte.

Im »Wahren Geist«, dem vierten Bild, werden »Körper und Geist«, »Innen und Außen«, »Grund und Handlung«, »Mann und Ochse« miteinander verschmolzen. Dies gleicht einem völlig blank geputzten Spiegel, voller Glanz und Reinheit. In diesem Zustand ist der Höhepunkt der Schulung erreicht. Aber wie viele haben jemals diesen Zustand erlangt? Man sollte ihn sehr hoch schätzen!

Im künstlerischen Bereich mag der Mensch mit hervorragender Geschicklichkeit ein echter Könner sein. Aber er kann nicht ein übermenschlicher Meister seiner Kunst genannt werden. Um ein wirklicher Meister zu werden, muß er weitere Schulungen durchmachen, damit er lernt, alles glanzvolle Können zurückzuhalten (d. h. alle Techniken zu vergessen). Durch solche Läuterung stellt er nichts Außergewöhnliches zur Schau. Der Weise früherer Zeiten sagt in dieser Lage: »Zerbrich den Spiegel in Stücke.« Er verlangt, daß wir den völlig blank geputzten Spiegel, den glänzenden, fleckenlosen, in Stücke zerbrechen.

Es gibt einen allgemein bekannten Ausspruch: »*Miso* (Bohnenpaste), der nach *miso* riecht, ist kein guter *miso*.« Erleuchtung mit dem Geruch von Erleuchtung ist keine echte Erleuchtung.

Alle Ergebnisse der langen Schulung bis zum vierten Bild, dem »Wahren Geist«, die durch harte und beharrliche Bemühungen erreicht wurden, müssen ganz zurückgelassen werden. Keine Spur darf übrigbleiben. Dies meint das fünfte Bild: »Beide Vergessen.«

Als Dogen aus China zurückkehrte, wo er jahrelang Zen studiert hatte, wurde er gefragt: »Welche edle Lehren hast du zurückgebracht?« Er antwortete: »Ich bin mit leeren Händen zurückgekommen.« Dies bedeutet, daß er nach Japan zurückkehrte, ohne irgend etwas bei sich zu haben. Das ist der Zustand, der höchste Achtung verdient.

Auf solcher Erfahrung (dem Buddha-Leben selbst) entwickelt sich die Lehre des wahren Buddhismus, das wahre Zen (zum sechsten Bild).

Sechstes Bild

Freies Spiel

Der Durchgang ist frei, ein neuer Ausblick eröffnet!
Wiedergekehrt auf die sechsfachen Wege des Seins.
Alles, was hier nun geschieht, ist Buddha-Leben an sich.
Wo immer man geht, es grüßen die alten Freunde.
Dem reinen Edelstein im Morast,
im Schmelztiegel reinem Gold
ist dieser Mann zu vergleichen.
Gemächlich geht er dahin auf dem Pfad der Befleckung,
Er arbeitet oder ruht, wie es die Lage verlangt.

Versiegt ist die Quelle des Lebens,
    vom Tode steht er auf;
jede Gestalt nimmt er an, der Lage entsprechend,
    spielerisch frei, wo immer er ist.
Verwandelt seine Persönlichkeit,
    doch nicht verändert sein Tun.

»Versiegt ist die Quelle des Lebens« bedeutet, daß alles fortgewischt ist. Selbst der heilige Geist und der Körper der Erleuchtung sind vergessen. Dies bezieht sich auf das fünfte Bild. Vom Tode steht er auf, ist die Aussage des sechsten Bildes, »Freies Spiel«.

In diesem Bild ist das Wort »auferstehen« von großer Wichtigkeit. Es heißt, wieder zurückkehren in die Welt, in der man einst lebte. Nachdem der Erleuchtete seine Schulung vollendet und die Buddhaschaft erlangt hat (das fünfte Bild), bleibt er nicht länger im Reinen Land, sondern steht an der Kreuzung der sechs Pfade der Unwissenheit. Er geht aufrecht in die Flammen der Hölle hinein, wie es der Bodhisattva Kshitigarbha tat.

Es heißt, daß selbst das schreckliche Höllenfeuer, das alles verzehrt, nicht das geringste dem hellen Gewand des Kshitigarbha antat; es bewegte sich nur leicht, als würde es von einem sanften Luftzug berührt. Warum ist dies so?

Weil das »Ich«, das einmal seinen Geist und seinen Körper fortgeworfen hat und aus dem »Beide Vergessen« wieder ins Leben zurückkehrt, nicht mehr das frühere Ich ist. Dieser Körper und dieses Leben sind jetzt zu neuem Leben erwacht. Mit anderen Worten: »Es ist das Leben, das die große Liebe des Buddha geschenkt hat. Es ist zugleich die Quelle der Schöpfung, die überallhin Liebe und Licht verströmt, von nun an begabt mit dem ewigen Leben. Niemals wird es verbrannt oder vernichtet werden. Der Erleuchtete kann inmitten der Strudel von Leiden und Freuden der Welt leben und diese dennoch als Leben des Buddha annehmen, als seine wohlwollenden Gaben. Sie werden niemals seinen gläubigen Geist beunruhigen.

In diesem Zusammenhang muß ich immer wieder an die kleine Taube denken, von der in einer der Sutras berichtet wird.

Eine zarte kleine Taube bemerkte eines Tages ein Bergfeuer, das viele Quadratmeter Wald verbrannte. Die Taube suchte auf irgendeine Weise die schreckliche Feuersbrunst auszulöschen, aber ein so kleiner zarter Vogel konnte nichts tun. Sie wußte sehr wohl, daß sie nicht zu helfen vermochte und konnte doch nicht tatenlos bleiben. In unbezähmbarem Mitleid begann sie zwischen dem brennenden Berg und einem weit entlegenen Teich hin und her zu fliegen, jedesmal mit einigen wenigen Tropfen Wasser in ihren Flügeln.

Bald erschöpften sich die Kräfte der kleinen Taube, und sie fiel tot zu Boden, ohne etwas erreicht zu haben. Diese eindrucksvolle Geschichte gibt uns ein Bild von dem »Großen Erbarmen«, das sein Leben verströmt mit den Vier Großen Buddhistischen Gelübden.[1]

Sehen wir in dem Tun der Taube nur etwas Sinnloses, so gibt es tatsächlich nichts, was törichter oder nutzloser wäre als ihr Flug. Heilige aber würden bezeugen, daß nur ein solches frommes Leben ohne Verdienst lebenswert ist. Diese Heiligen sind es, die trotz vieler Schwierigkeiten der menschlichen Welt Harmonie schenken und sie zu Frieden und Freude führen, auch wenn dies sehr langsam ge-

---

1 Die Vier Großen Gelübde sind:
   Wie zahlreich auch die Wesen sind, ich gelobe, sie zu retten.
   Wie unerschöpflich auch die Leidenschaften sind, ich gelobe, sie auszutilgen.
   Wie unermeßlich auch die *dharma* sind, ich gelobe, sie zu beherrschen.
   Wie unvergleichlich auch die Buddha-Wahrheit ist, ich gelobe, sie zu erlangen.

schieht. Gewiß waren die ernsthaften Bemühungen der Menschen und Nationen um Frieden und Glück viele tausend Jahre lang umsonst und werden weiterhin vergeudet. Aber es gibt für uns keinen anderen Weg als diesen. Ihm sollten wir, selbst auf Kosten unseres Lebens, folgen.

Der einzelne ist immer mit dem Ganzen verbunden. Wenn ich entsetzt über die Feuerbrunst in meinem Inneren bin, werde ich stets durch diese weichherzige kleine Taube ermutigt. Wie töricht von uns, die gleichen traurigen Fehler immer und immer wieder zu begehen.

»Verwandelt ist seine Persönlichkeit, nicht verändert sein Tun.« Dies ist der Heilige, der durch den Wirbel des Lebens geht und in den vielen nutzlosen Anstrengungen das Ziel seines Lebens sieht.

Als kurz nach dem Krieg die Lebensbedingungen in Japan am ärgsten waren und die Menschen den Frieden verloren hatten, den sie vielleicht noch im Herzen trugen, kam eine alte blinde Frau, die Nobu hieß und in der Ecke einer ausgebrannten, verwüsteten Gegend wohnte, in einen Tempel, um dort zu beten. Fröhlich sagte sie dem Priester dieses Tempels: »Hochwürden, ich habe ein Licht bei meinem Haus aufgestellt.« Der Priester fragte: »Warum haben Sie das getan?« »Es steht außerhalb meines Zimmers, das liegt in einem Wohnhaus mitten in einer kleinen Gasse. Der Weg ist in einem fürchterlichen Zustand, und es ist sehr gefährlich, ihn nachts zu gehen. Ich wollte schon lange ein Licht für die Menschen dort hinstellen.«

Der Priester war von diesen Worten tief beeindruckt. Ich erinnere mich, daß ich beim Hören dieser Geschichte von der Güte der alten Frau fast geweint hätte. Ich mußte wieder darüber nachdenken, worin wahrer Wert und Sinn des menschlichen Lebens bestehen. Deshalb bejahe ich aus ganzem Herzen die tiefe Bedeutung des: »Jede Gestalt annehmen, der Lage entsprechend«, oder: »ein nicht geladener Freund sein«.

Eine Blume spricht ohne Worte

Die folgenden Blumenarrangements stammen von Jowa Hirohata. Er wurde 1889 geboren und lernte die Kunst des Blumenstellens, ebenso die japanische Malerei unter Anleitung seines Vaters. Als Vorsteher der Koen-Schule bemühte er sich später, die Kunst des Blumenstellens in Kyoto zu verbreiten. Er wurde auch als hervorragender Maler anerkannt. Augenblicklich ist er Direktor der Vereinigung für Blumenstellen in Osaka. Er war mit dem Autor dieses Buches, dem Abt Zenkai Shibayama, über dreißig Jahre lang befreundet.

Einführender Vers

Schweigend blüht eine Blume,
schweigend fällt sie herab.
In diesem Augenblick – heute und jetzt –
an diesem Ort hier blüht sie vollendet,
erblüht die Ganzheit der Welt.
Das ist die Stimme der Blume,
die Wahrheit der Blüte.
Die Herrlichkeit ewigen Lebens
erstrahlt in Vollkommenheit hier.

I

Zen ist etwas Erhabenes, das alles übersteigt. Eine tiefe Weisheit liegt in Zen. Doch wenn man versucht, es zu ergreifen, zu sehen, was es sei, dann bleibt keine Spur zurück. Vor allem lehnt Zen alle intellektuellen Merkmale ab. Denn diese sind Sklaven des unterscheidenden Bewußtseins.

Während der Tang-Dynastie in China besuchte Tozan den Zen-Meister Zenne von Kassan und fragte ihn: »Wie stehen die Dinge?«

»Genau so, wie sie sind.«

Diese Antwort war so nüchtern, so schlicht und einfach wie nur möglich. Dennoch liegt darin eine erquickende Klarheit, die unsere Herzen berührt.

»So, wie es ist« heißt in der buddhistischen Terminologie *yomo* oder *shimo*; wörtlich: »Wie es ist in seinem So-sein.« Reines »Sosein« gehört zur Natur. Es ist nicht Zen. Es wird erst dann zu Zen, wenn die Selbst-Verwirklichung vom Menschen in seiner »Person« erfahren ist. Dennoch ist es »so, wie es ist«, und darin liegen Einfachheit, Klarheit und Tiefe des Zen.

Ein Mönch fragte Yo aus Koin: »Was ist das Wesen des Zen?« Dieser antwortete: »Choan (Tokyo) liegt im Osten, Rakuyo (Rom) im Westen.« Auf die gleiche Frage gab Sen aus Tokusan die Antwort: »Tausend Bambussträucher vor dem Tor; ein Weihrauchstäbchen vor Buddha.« Diese Worte zeigen die Klarheit der »Sosein-Verwirklichung« in ihrer Reinheit und ihrem Glanz.

Ich erinnere mich an den Bericht über einen deutschen Mystiker, den ich für recht interessant halte:

Eines Tages ging er die Straße entlang und traf einen Bettler, dem er schon öfters begegnet war. Ohne viel zu überlegen, sagte er: »Guten Morgen!« Aus irgendeinem Grund antwortete der Bettler: »Gibt es einen Morgen, der nicht gut ist?« Diese Worte lösten in dem Mystiker eine besondere Erfahrung aus. Der Morgen ist gut. Das ist ganz gewiß. Hier zeigt sich eine Ähnlichkeit mit dem Wunder der »Sosein-Verwirklichung« des Zen-Meisters.

Ein Buddhist der Reinen-Land-Sekte würde sagen: »Ich werde hineingenommen, so wie ich bin«, oder: »Allem vertrauen!« Oberflächlich betrachtet, klingt dieses alles verschieden, aber »vertrauen« und »so wie ich bin« sind das gleiche und beziehen sich auf die »Sosein-Verwirklichung«, die tatsächlich nicht leicht zu erlangen ist. Darin erkennt man, wie ich meine, das Zen-Element in der Befreiung, die der Buddhismus des Reinen Landes lehrt.

Die Klarheit der religiösen Erfahrung wird erlangt, wenn man alle Überreste unseres unterscheidenden Bewußtseins ausräumt. Sie entspringt der Tiefe des Herzens, das in das »Sosein« eingedrungen ist. Hierzu ein Vers:

> Am höchsten Himmel gleitet gemächlich
> des Bodhisattvas klarer Mond.[1]

Der klare Mond erscheint weder am Himmel des Seins noch am Himmel des Nicht-Seins. Er ist der immer scheinende Mond, der nur am »höchsten Himmel« zu sehen ist. Dieser aber ist die »vollkommene Verwirklichung des Soseins«. Sie hat die Dualität abgeschnitten, die das unterscheidende Bewußtsein, das an Sein und Nicht-Sein festhält, hervorbringt. Es ist in Wirklichkeit nichts anderes als der Mond selbst.

II

Einmal wurde ich gedrängt, den Unterschied zwischen »Wirklichkeit« und »Wahrheit« auszudrücken. Es mag nicht schwer sein, diese Frage rein verstandesmäßig zu behandeln, aber von einem höheren Gesichtspunkt aus ist sie nicht so leicht zu beantworten.

Vimalakirti war ein Bodhisattva, der die außergewöhnliche Macht besaß, Tausende von Bodhisattvas in ein kleines, schmales Zimmer ohne Schwierigkeiten einzuladen. Es wird berichtet, daß er trotz solcher ungewöhnlichen

---

1 Himmel heißt japanisch ku; das ursprüngliche Sanskrit-Wort *sungata* wird oft als »Leere« übersetzt.

Macht in Schweigen verharrte, als ihn Manjusri fragte:
»Was ist die Verwirklichung der Nicht-Zweiheit, die du
erlangt hast?«

> Den ganzen Tag lang singt die Grille,
> doch die schweigende Feuerfliege
> verbrennt aus Liebe.

Vom Autor dieses Volksliedes kann man in gewissem Sinn
sagen, daß er den Zen-Geist des Vimalakirti hatte.

Es ist wohlbekannt, daß der Zen-Meister Engo, der den
Kommentar zu *Hekigan-roku* (Blue Rock Records)
schrieb, folgende Erklärung zu dem »Schweigen« des Vimalakirti gab: »Es gleicht dem Dröhnen des Donners.« Im
Zen steht der Ausspruch: »Ein lauter Schrei geht nicht in
das Ohr hinein.« Engo dagegen muß in diesem »Schweigen« eine gewaltige Predigt vernommen haben, die im
ganzen Weltall widerhallte. Wahre »Nicht-Zweiheit« ist
niemals ein lebloses Etwas, das sich mit »Worten und
Schweigen« befaßt.

Ich gab meine eigene Antwort auf die Frage, indem ich
den Fächer, den ich gerade in der Hand hielt, dem Fragenden mit den Worten vor die Füße warf: »Ist das Wirklichkeit oder Wahrheit?« Unsicher blickte der Fragende einmal
mich, dann wieder den Fächer an und blieb »schweigend«.
Vielleicht wollte er es wie Vimalakirti machen.

Wenn wir uns weiter auf der ganzen Linie, in begrifflichen Vorstellungen verhaftet, bewegen, dann werden wir
für immer unfähig sein, den Sprung in die »Einheit« zu
vollziehen. Wir werden niemals imstande sein, in »Gott«
zu leben.

Pampas-Gras in einer zylinderförmigen Vase: seine ruhig geschwungene Linie und die taufrisch glänzende Spitze
des Halmes sprechen zum Herzen. Ist dies »Wirklichkeit
oder Wahrheit«, »Gegenstand oder Geist«, »Natur oder

Leben«? Das Leben gibt die Antwort auf diese Frage, und die Frage gibt der Antwort Leben. Wenn nunmehr alle nutzlosen Verschlingungen des unterscheidenden Bewußtseins abgeschnitten sind, dann erwacht die absolute »Einheit« als »Wahrheit« und »Schönheit«. Wenn sich dies ereignet, wird die Wahrheit zur Wirklichkeit und die Wirklichkeit Wahrheit. Beides sind Wirksamkeiten der »Einheit«.

Mummon, ein chinesischer Zen-Meister, besingt dies in wunderbarer Weise:

> Wolke und Mond, beide das gleiche.
> Täler und Berge, jedes verschieden.
> Sind es nun eins oder zwei?
> Wunderbar! Herrlich!

Wenn man den Grundgedanken von: »Wunderbar! Herrlich!« als Antwort auf die Frage: »Sind es nun eins oder zwei?« nicht versteht, dann wird man nicht fähig sein, die Schönheit eines einzigen Blattes des Pampas-Grases zu bewundern oder seine Bedeutung zu erfassen.

III

Eines Morgens saß ein kleines Mädchen neben der Großmutter vor dem Altar Buddhas. Die kleinen Hände im Gebet gefaltet, fragte das Kind voll Wißbegier: »Warum sind Kraniche und Schildkröten[1] dort oben auf dem Altar, Großmutter?« »Mein liebes Kind«, antwortete diese, »ein Kranich lebt tausend Jahre und eine Schildkröte zehntausend Jahre. Da sie solche gesegneten Geschöpfe sind, können sie dort auf dem Altar sein, wo es so schön ist wie in

---

[1] Kerzenstöcke in Form von Kranich und Schildkröte.

dem Reinen Land.« Die Enkelin schaute noch neugieriger drein und fragte: »Was wird der Kranich nach tausend Jahren und die Schildkröte nach zehntausend Jahren tun?« »Natürlich werden sie dann sterben. Das solltest du doch wissen, mein Liebes!« Das Enkelkind aber fuhr fort: »Was wird mit Kranich und Schildkröte geschehen, wenn sie tot sind?« Die Großmutter antwortete: »Weil Kranich und Schildkröte gesegnete Geschöpfe sind, werden sie unmittelbar nach dem Tod in das Reine Land eingehen.« Die Enkelin gab keine Ruhe: »Was werden sie in dem Reinen Land tun, Großmama?« »Was bist du doch für ein dummes Kind! Sie werden Kerzenstöcke im Reinen Land sein.« Die Antwort der Großmutter klang leicht gequält, aber das unschuldige Kind nickte zufrieden mit seinem Köpfchen.

Diese kleine Geschichte enthält etwas, das wir nicht einfach belächeln dürfen. Es gibt unter den Zen-*mondos* die Frage: »Was ist Es letztendlich?« Die Antworten hierauf sind bemerkenswert: »Die Weiden sind grün, die Blumen blaß-rosa.« »Eine kleine Person ist klein, eine große ist groß.« »Der Mond ist am Himmel, das Wasser im Steintopf.« Wenn wir diese Antworten der Zen-Meister lesen, dann spüren wir, daß wir vielleicht nicht über die Großmutter lachen sollten, die die Antwort gab: »Sie werden nach allem noch Kerzenstöcke sein.«

Als Dogen seine schwer verdienten Studien in China abgeschlossen hatte und nach Haus kam, wurde er gefragt: »Welche großen buddhistischen Lehren hast du heimgebracht?« Seine wohlbekannte Antwort war: »Ich habe waagerechte Augen und eine senkrechte Nase.«

Man sagt im Deutschen: »Vertrauen ist eine Entscheidung.« Vom Zen-Standpunkt aus ist dies eine bedeutsame Bemerkung. Es ist gleichsam, als ob ein Mensch, der sich immer wieder: »Warum und warum?« fragt, dabei weiter und weiter einen tausend Fuß hohen Pfosten hinaufgetrieben würde. Wenn er oben angelangt ist, springt er herunter. Dieser Sprung geschieht im Zen, wenn »Vollendung« gleichgesetzt wird mit »Vertrauen« als konkrete Wirklichkeit der religiösen Erfahrung.

»Weiden sind grün, Blumen blaß-rosa.« Im Zen ist dies nicht eine Erklärung über Weiden oder Blumen. »Meine Augen sind waagerecht, meine Nase senkrecht.« Das ist Dogens »Vollendung« und »Vertrauen«. Er redet nicht über Augen oder Nase.

Nun zur Frage: »Was ist Es letztendlich?« Wenn man einmal zum letzten Ursprung vorgedrungen ist, dann übersteigt das Objekt, so wie es ist, den Bereich des Gegenständlichen. Hier zeigt sich die Schönheit des Zen, die sich als »Wahrheit« und »Wirklichkeit« erweist.

IV

Ein Mönch fragte den Zen-Meister Zenne, der in Kassan lebte: »Wie ist die Lage von Kassan?« Diese Frage bezieht sich auf die Geistigkeit von Zenne, auf seine Zen-Vollendung. Die Antwort des Meisters war ein wunderbarer Vers über große Berge und tiefe Täler:

> Ein Affe mit einem Baby im Arm[1]
> kehrt jenseits des grünen Hügels zurück.
> Ein Vogel mit einer Blume im Schnabel,
> läßt sich herab vor dem blauen Fels.

Wenn dieser wunderbare Vers nicht bloß eine Beschreibung der großen Berge ist, sondern das Zen des Meisters und seine geistige Vollendung bezeichnet, wo finden wir dann diese beiden in dem Vers?

---

1 Baby bezieht sich auf eine besondere Frucht.

Seit alters her hinterließen Zen-Mönche sehr viele *mon-dos*, die wie ein Austausch der schönsten Verse klingen. Ich möchte ein Beispiel aus *Hekigan-roku* geben.

Eines Tages kam Chosa von seinem Spaziergang auf dem Berg zurück. An der Pforte des Klosters traf er einen Mönch, der ihn fragte: »Wo warst du, Meister?« Natürlich betraf diese Frage das Geistige, nicht einen räumlichen Ort. Chosa antwortete ganz harmlos: »Ich habe einen Ausflug gemacht.« Der Mönch stellte dem Meister eine weitere ernsthafte Frage: »An welchem Ort bist du gewesen?« Chosa war äußerst harmlos und freundlich, als er die Antwort in einen wunderbaren Vers kleidete:

Zuerst ging ich und folgte dem frischen Grün,
dann kam ich zurück im Gefolge fallender Blüten.

»So war der Frühling in seiner ganzen Pracht, nicht wahr?« fuhr der Mönch fort. Die Antwort des Meisters war noch erlesener: »Es war noch wunderbarer als die Lotusblume im Tau des Herbstes.«

Seccho, ein anderer Zen-Meister, gab einen Kommentar zu diesem Vers, der auch ein hervorragendes Kunstwerk ist:

> Die ganze Erde, vom Staube befreit,
> Wer sollte da nicht erwachen?
> Er ging und folgte dem frischen Grün,
> dann kam er zurück im Gefolge
> der fallenden Blüten.
> Auf einem entblätterten Winterbaum
> sitzt rufend ein Kranich.
> Auf der alten Ruine schreit
> in der Wildnis ein Affe.
> Nicht auszudrücken, was Chosa sinnt – Ah!

Das Verspaar von Kranich und Affe wurde bewundert als ein wirklich lebendiger Ausdruck, der auch »dem frischen Grün« und den »fallenden Blüten« von Chosa nichts nachgibt.

Zennes geistige Klarheit, die Erlesenheit Chosas und die Erhabenheit Secchos – was verbirgt sich hinter dem Schönheitssinn dieser Zen-Meister und ihrem künstlerischen Empfinden? Nur die es wissen, verstehen es.

Wenn man nicht die lebendige »Person« im Wortlaut dieser wunderbaren Verse erkennt, dann bleiben sie nichts anderes als Verse und werden niemals Zen sein. Vielleicht sind es Kunstwerke, aber sie sind nicht Leben. Die »Schönheit« von Zen ist die innere Kraft, die Natur und Leben innerlich vereint.

V

Eines Tages schnitt Fugan von Nansen mit einer Sichel Gras auf einem Berg. Ein Mönch, der den Bergpfad heraufkam, fragte ihn, ohne zu wissen, mit wem er sprach: »Wie kann ich zu dem Berg Nansen kommen?« Der Meister erhob seine Sichel vor dem Mönch und antwortete: »Ich habe 30 Geldstücke für diese Sichel gezahlt.« Der Mönch aber erwiderte: »Ich habe dich nicht nach der Sichel gefragt.« »Was hast du mich dann gefragt?« wollte der Meister wissen. Der Mönch wiederholte: »Wie komme ich zum Berg Nansen?« Da sagte der Meister: »O ja, sie schneidet gut.«

Eine solche Belehrung können jene nicht würdigen, die sie nicht verstehen. Zen ist keine Jagd nach dem »Schatten« der Wahrheit, die vom Selbst getrennt ist. Wo können wir abseits des Ortes, an dem wir stehen, im Hier und Jetzt, das wahre Selbst finden? Für den Mönch, der nicht wußte, wohin er sich wenden sollte, war diese freundliche

Belehrung des Meisters nur eine Perle, die vor die Säue geworfen wurde.

Nehan von Hyakujo benutzte einen noch einzigartigeren Weg, um die Mönche zu führen. Von morgens bis abends sagte er ununterbrochen: »Arbeitet für mich auf dem Feld, und ich werde euch lehren.« So ließ er seine Schüler die ganze Zeit auf dem Feld arbeiten. Er aber war offensichtlich nicht gesonnen, Vorlesungen oder Reden zu halten. Die Mönche, die dies nicht länger ertragen konnten, gingen endlich zum Meister und fragten ihn: »Wärest du nicht so freundlich, uns eine erbauliche Rede zu halten?« Diesmal war er gerne bereit.

Nach einer Weile versammelten sich alle Mönche in der Halle. Ruhig erschien der Meister, stieg zum Rednerpult hinauf, breitete beide Arme aus und ging, ohne ein Wort zu sagen, unmittelbar darauf in sein Zimmer zurück. Zu spät! Wir können uns leicht vorstellen, wie entsetzt die Mönche waren.

Wenn wir mit Schweiß auf der Stirn arbeiten, sind wir dann nicht so, wie wir sind, im Schoß des »Absoluten«? Abstraktes Reden ist doch nichts anderes als nach dem »Schatten« jagen.

Öffnen wir unser Geist-Auge innerlich unserem wahren Selbst, dann ist jede Bewegung, jede Handlung der unmittelbare Weg des Zen. Einige haben Zen-Erleuchtung als »Rückkehr zur Arbeit der wahrhaft lebendigen Person selbst« genannt. Dies ist eine sehr bedeutsame Bemerkung.

»Die Würde der Arbeit« – dieser wohlbekannte Ausspruch – beschreibt »einen Menschen, der die Wahrheit annimmt und lebt«. Wenn dies nur im ethischen Sinn gemeint ist, geht der tief religiöse Duft der Worte verloren.

VI

Joshu ist der berühmte Zen-Meister, der das *koan*»*mu*«[1] hinterlassen hat. Er setzte seine Zen-Schulung bis zum fünfundachtzigsten Jahr fort und wurde hundertzwanzig Jahre alt. Er war ein hervorragender Meister der damaligen Zen-Welt. Es hieß, daß seine Lippen Licht ausstrahlten. Folgende Geschichte ist in seiner Lebensbeschreibung zu lesen:

Eines Morgens ging er vor der Zen-Halle durch eine tiefe Schneeverwehung. Unvorhergesehen strauchelte er und fiel in den Schnee. Er rief laut um Hilfe. Ein Mönch, der ihn rufen hörte, kam angerannt. Dabei wirbelte er Schneewolken auf und anstatt dem Meister herauszuhelfen, »warf er sich selbst auch noch in den Schnee«. Das heißt, er legte sich wie der Meister in den Schnee. Joshu, der mit Recht dem Mönch einen Schlag mit dem Stock hätte geben können, kehrte ganz ruhig in sein Zimmer zurück.

Hat nun der Mönch seinem alten Lehrer geholfen oder nicht?

Dr. Daisetz T. Suzuki sagt in einem seiner Bücher:

»Zen versucht, *prajna* zu erwecken, das meist unter dikken Wolken der Unwissenheit und des Karmas in uns schlummert. Unwissenheit und Karma entstehen aus unserer bedingungslosen Unterwerfung unter den Intellekt. Zen empört sich über diesen Zustand.[2]

In der Welt des Intellekts, die »gesunder Menschenverstand« genannt wird, muß das, was der Mönch tat, für verrückt angesehen werden. In der Zen-Welt dagegen wird

---

1 *Mu* ist eine besondere Zen-Bezeichnung, die auf das Wesen der Zen-Lehre hinweist. Sie wird mit »Nichts« übersetzt, hat aber nichts zu tun mit reiner Verneinung oder Bejahung.

2 D. T. Suzuki, »Zen Buddhism and its Influence on Japanese Culture«, Kyoto: The Eastern Buddhist Society 1938, S. 5.

logisches Verhalten nicht als die einzige Wahrheit betrachtet. Trotzdem will Zen nicht behaupten, daß Wahrheit außerhalb des logischen Verhaltens liegt. Zen will sagen, daß es eine Ansicht ganz anderer Ordnung gibt. Denn die Wahrheit als Quelle der schöpferischen Kraft leuchtet überall in der Tiefe der Logik.

Geist und Körper des Meisters sind des Schülers Geist und Körper. Geist und Körper des Mönchs sind des Meisters Geist und Körper. Hier scheint die »übersinnliche wahre Weisheit« (*prajna*) auf und durchdringt beides: das Selbst und die anderen.

Eine Blume in einer kleinen Vase hat eine eigene religiöse Tiefe und Erhabenheit. Diese aber können nur gewürdigt werden, wenn man im *prajna*-Verständnis verwurzelt ist. Das heißt, wenn man »sich selbst in den Schnee wirft«.

Das künstlerische Merkmal des Zen kann der Duft sein, der in dieser Tiefe und Erhabenheit ausströmt.

VII

»Der gewöhnliche Mensch vertraut sich selbst; der Weise vertraut dem Objekt.« Dieser Satz entstammt dem Gespräch eines frühen Zen-Meisters.

Im Grunde genommen liegt in der religiösen Vollendung eine Art passiver Ruhe. Einige Menschen kritisieren dies als negative Einstellung. Doch dieser passive Ausdruck des »sich selbst einem Objekt anvertrauen« zeigt eine lebendige Haltung, die auf einer festen Überzeugung beruht und keineswegs verneinend ist. Im Gegenteil: »Ich werde selbst zum Objekt«, ist eine klare aktive Einstellung.

Eine Zen-Persönlichkeit, die schöpferisches Subjekt ist, drückt sich aus durch *samadhi*, in dem man das Objekt selbst wird. »Sich fortwerfen« bedeutet: »das Objekt selbst werden«. Mit dem ganzen Sein gibt man dem Objekt Leben.

Ein Mönch fragte Joshu: »Ich habe seit langem von der großen Steinbrücke des Joshu gehört. Doch als ich hierher kam, fand ich nur eine gewöhnliche Holzbrücke.« In Joshu, wo der Meister Joshu lebte, gab es eine berühmte Steinbrücke. Deshalb die Frage. Es ergibt sich von selbst, daß der Mönch nur obenhin dieses Thema berührte, in Wirklichkeit aber nicht nach der »Steinbrücke selbst« fragte.

Joshu antwortete: »Du siehst die Holzbrücke, bist aber nicht fähig, die Steinbrücke zu erblicken.« Da fragte der Mönch: »Wie sieht diese aus?«, und Joshu antwortete: »Hunde und Pferde gehen darüber.« Joshu war die »Persönlichkeit des Objekts selbst«, die ihre Hunde und Pferde hinübergehen ließ.

Später kam ein anderer Mönch zu Joshu und stellte die gleiche Frage: »Wie ist Joshus Steinbrücke?« Ohne Zögern, so heißt es, habe Joshu geantwortet: »Gehe vorwärts und überschreite sie.«

»Die Persönlichkeit, die zum Objekt geworden ist«, hinterläßt keine Spuren der Dualität, wie Wahrheit und Falschheit, Du und Ich, Subjekt und Objekt etc. Es gibt keinen Unterschied zwischen der Steinbrücke und Joshu. Das Abstrakte ist zugleich das Konkrete.

»Schönheit ist der Wille, das Wirkliche zu bejahen.« Ich halte dies für die wichtigste Behauptung der Ästheten. Gesondert von der lebendigen Persönlichkeit, »die zum Objekt wird«, ist dies aber eine sinnlose und falsche Aussage.

Dogen gebrauchte eine ausgezeichnete Wendung: »bezeugt werden durch die zehntausend Dinge (durch alles)«. Hier wird das Zen-Leben ausgedrückt das »Körper und Geist hat fallen lassen; das fortgegeben hat Körper-Geist«.

In der Welt des Absoluten werden Objekt und Mensch nicht als zwei gesonderte Dinge betrachtet. Die Logik des

Zen ist darin einzigartig, daß sie sich auf dieses »Einssein« gründet, sich aus ihm entwickelt. Die Blume auf dem Zweiglein bin ich selbst, eingehüllt in das Absolute, und die Hirsenrispe bin ich selbst, die im göttlichen Licht atmet. Daher sagt Zen: »Ein Weizenkorn ist so schwer wie der Berg Sumeru«, und: »Aus einem Grashalm geht der goldene, sechzig Fuß hohe Buddha hervor.« In der Tiefe des Objekts, in der Tiefe der Handlung liegt sozusagen tiefe Philosophie und die »Person«.[1]

VIII

Das Wort »Wahrheit« ist mir sehr lieb. Bankei, ein japanischer Zen-Meister, erklärt, daß alles durch das »Ungeborene«[2] geordnet werden kann. Ich selbst denke, daß alles durch das eine Wort »Wahrheit« in Ordnung kommt.

Vor einigen Jahren machte ich eine freie Übersetzung der *Prajna-paramita-hrdaya*-Sutra für junge Japaner. Das Wort, das in dieser Sutra jedem zu denken gibt, ist *sunyata*.

Ich habe bei der Übersetzung im wahren Sinn des Wortes mein Gehirn zermartert. Immer und immer wieder dachte ich darüber nach. Endlich entschloß ich mich, *sunyata* mit »Wahrheit« zu übersetzen. Ich benutzte dazu drei japanische Schriftzeichen. Sie bedeuten »Eine Wahrheit«, japanisch *makoto*. Natürlich war ich mir bewußt, daß gegen diese Übersetzung vieles einzuwenden ist.

In der Tang-Dynastie gab es in China einen großen Zen-Meister mit Namen Baso. Eines Tages fragte dieser Yokusan, einen seiner Schüler: »Wie ist dein Verständnis in diesen Tagen?« »Alle Haut ist abgefallen und es gibt nur die

1 Japanisch *nin*; bezieht sich auf die Persönlichkeit des erleuchteten Menschen, der Zen lebt.
2 Japanisch *fusho*.

Eine Wahrheit«, war Yakusans berühmte Antwort. Ich habe mich nicht unmittelbar auf dieses *mondo* bezogen, als ich das Wort »Eine Wahrheit« gebrauchte. Ich ziehe das *mondo* von Bokuju noch vor:

In der Tang-Dynastie in China besuchte ein hoher Regierungsbeamter – der Gouverneur des Distrikts – den Meister Bokuju. Dieser erhob sich und fragte, indem er auf den Stuhl deutete, auf dem er gesessen hatte: »Wie nennst du dies?« Der Regierungsbeamte antwortete: »Ich nenne es Stuhl.« Er hatte noch kaum geantwortet, da schrie der Meister ihn an: »Du bist ein Narr, ein Taugenichts!«

Bei einer anderen Gelegenheit kam ein angesehener und hochgelehrter Mönch, der vor dem Kaiser vorgetragen hatte und ein purpurfarbenes Kleid trug, zu Bokuju. Dieser begann, ohne Zeit zu verlieren, ein *mondo*. Er deutete auf den Besucher und fragte: »Was ist das?« Als wissenschaftlicher Gelehrter antwortete er: »Eine ›Form‹.« Bokuju aber rief: »Du Lügner und Schurke!« Er stieß ihn aus dem Zimmer und schloß die Tür. »Form« wird als Gegensatz zu »Geist« benutzt und könnte bedeuten: die »Existenz mit einer Form, die allmählich vergehen wird«.

Sicher war Bokuju ein exzentrischer Meister, der sein Leben in einer Einsiedelei in einem entlegenen Landstrich verbrachte. Er fertigte Strohsandalen an und übernahm niemals die Stellung eines Abtes in einem großen Tempel. Aber er war ein großer Meister, dessen Schulung ihn zu vollkommener Reife geführt hatte. Warum genügten ihm nicht »unmittelbare« Antworten, warum schrie er immer diejenigen an, die ihm solche Antworten gaben?

Beim Anblick des Stuhles muß er das gesehen haben, was »die Form übersteigt«. Für dieses Etwas, das Bokuju jenseits der Form sah, möchte ich das Wort »Wahrheit« setzen.

Vor kurzem sprachen die Menschen häufig von historischen Anschauungen. Ich bin viel eher geneigt, in Ruhe die sogenannte Geschichte von diesem Etwas aus zu betrachten, das über die Geschichte hinausgeht.

IX

Wiederum in der Tang-Dynastie lebte einst in China ein Zen-Meister mit Namen Sekito (Steinkopf). Er wurde so genannt, weil er auf einem großen flachen Stein, den er auf einem Berg fand, eine Hütte erbaut hatte und dort lebte. Folgende Anekdote wird von ihm erzählt:

Eines Tages kam ein Mönch, der noch in der Ausbildung war, zu ihm. Sekito fragte ihn: »Woher bist du gekommen?« Der Mönch antwortete: »Aus Kosei, Meister.« Darauf sagte Sekito: »In Kosei lebt der berühmte Zen-Meister Baso. Hast du ihn jemals gesehen?« »Ja«, antwortete der Mönch. Der Meister wies auf ein großes Stück Brennholz in der Nähe und stellte dann eine sehr ungewöhnliche Frage: »Sieht Meister Baso so aus?«

Der Mönch war aber, so begabt für Zen er auch sein mochte, Sekito nicht ebenbürtig. Er flatterte mit den Augenlidern und konnte kein Wort hervorbringen.

Baso war ein verehrungswürdiger Meister, der als »Großer Lehrer« hoch geschätzt wurde. Welchen einleuchtenden Grund hatte Sekito, den großen Lehrer Baso mit einem Stück Brennholz zu vergleichen und zu fragen, »ob er diesem gliche«? Wir müssen zugeben, daß es absurd ist, eine solche Frage zu stellen.

Ich möchte aber doch hier fragen, ob wir nicht wiederholt Fehler machen, wenn wir zwischen der Schönheit und den Ausdrucksformen des Schönen unterscheiden, zwischen Materie und Geist, Du und Ich, Raum und Zeit, und uns dabei für logisch halten?

Das geistige Auge von Sekito war auf einen höheren Bereich gerichtet, in dem diese Dualitäten ineinander übergehen. In seiner sogenannten »außergewöhnlich absurden« Bemerkung scheint die »Wahrheit« auf, die Gutes und Schönes als eins umfaßt.

Dieses *mondo* hat eine Fortsetzung: Der erstaunte Mönch ging den ganzen Weg nach Kosei zurück. Dort traf er seinen großen Lehrer Baso und erzählte ihm diese Geschichte. Baso hörte sie an und fragte: »War das Brennholz, das du gesehen hast, groß oder klein?« »Es war sehr groß«, antwortete der Mönch. »Du bist ein Mensch von großer Kraft«, war Basos unerwartete Antwort. »Warum, Meister?« Der Mönch wußte nicht, wie er diese Frage auffassen sollte. Baso soll, wie berichtet wird, darauf geantwortet haben: »Du hast ein solches großes Stück Brennholz den ganzen Weg von Sekito hierher gebracht. Du bist sicher ein Mensch von großer Kraft, nicht wahr?«

Baso fragte den Mönch, ob das Holz »groß oder klein« gewesen sei, aber seine Worte betrafen nicht das Brennholz. Es war – unnötig zu erwähnen – eine Bemerkung, die aus dem großen Mitleid Basos kam. Mit ihrer Hilfe suchte er den Mönch zum »Absoluten« hin zu erwecken, das »groß-und-klein« abschneidet und »Subjekt-und-Objekt« überschreitet. Nur war der Mönch leider nicht fähig, eine solche liebenswerte Belehrung zu durchschauen.

Wir wollen jetzt das Zen-*mondo* beiseite lassen und unsere Welt betrachten. Es gibt tatsächlich viele Künstler, religiöse Menschen, Politiker oder Sozialreformer von »großer Kraft«, die das Brennholz eines anderen herumtragen. Aber es sind nur wenige, die in das blicken, was wahr ist und in Ruhe ihren »eigenen Schatz« tragen.

X

In der Tang-Dynastie lebte ein berühmter Zen-Meister mit Namen Tanka. Er war geistig so hoch begabt und überragend, daß sein Meister Baso ihn »Tennen« (natürlich) nannte. »Tennen« oder Tanka war ein echtes Zen-Genie.

An einem strengen Wintertag besuchte er den Tempel Erinji in der Hauptstadt. Es war so schneidend kalt, daß man es kaum ertragen konnte. Ohne Zögern ging er in die Haupthalle, nahm die hölzerne Buddhastatue vom Altar herunter, zündete ein Feuer an und warf sie als Brennholz hinein. Kühn wendete er dem Feuer den Rücken zu und erfreute sich an der Wärme. Der ansässige Priester, der dies erfuhr, kam atemlos zu ihm gelaufen und tadelte Tanka für dieses ungewöhnliche Verhalten.

Tanka war nicht im geringsten erschreckt. Bedächtig stocherte er mit seinem Stock im Feuer herum und sagte: »Rege dich nicht so auf. Ich versuche, Buddhas *sarira*[1] zu bekommen, indem ich diesen Buddha verbrenne.«

Der Priester, der noch nicht weit genug im Zen war, konnte den wahren Sinn dieser an ihn gerichteten Bemerkung nicht verstehen. Er meinte, Tanka mache sich nur lustig über ihn, und antwortete: »Wie kannst du *sarira* aus einem hölzernen Buddha bekommen?« »Willst du damit behaupten, er habe keinen *sarira*? Wenn er keinen hat, ist er nur ein Stück einfaches Holz. Gut, dann kann ich die Buddhas an der Seite auch verbrennen.« Mit diesen Worten nahm er die seitlichen Buddhastatuen herunter und verbrannte auch sie.

Die Fortsetzung dieser Begebenheit ist eher schrecklich. Im Gegensatz zur allgemeinen Erwartung, daß Buddhas Strafe auf Tanka fiele, der die Statuen verbrannt hatte, wurde der ansässige Priester, der Tanka getadelt hatte und ihn vom Verbrennen des Buddha zurückhalten wollte, bestraft. Er wurde, so wird berichtet, grauenhaft entstellt.

---

1 *Sarira* ist der Überrest eines verbrannten Buddhas oder eines heiligen Wesens. Er besteht oft aus Knochen oder einer kieselsteinartigen Substanz.

Seine Augenbrauen fielen herab, und sein Gesicht verzerrte sich. Bedeutet dies, daß Tanka und nicht der Priester zu dem wahren Buddha hielt? Wie dem auch sei, ich möchte dieses Thema verlassen.

Seit alters her zerschmettern oder zerstören auf andere Weise Zen-Meister in ihrer tiefen Weisheit jedes Idol. Die Bilderstürmerei des Zen stammt unmittelbar aus der Quelle der freien Schöpferkraft. Wir können hierin die Kraft eines gesunden Naturmenschen sehen. Er ist Herr über sich selbst, wo er auch sein mag. Er drückt in jeder Bewegung seiner Hände und Füße sein Leben aus. Ein Glanz, frei von jedem festgelegten Gedanken enthüllt sich. Wahre Schönheit oder das Leben der Kunst, das zu einem solchen Punkt kommt, fließt am Ende in Zen ein und wird eins mit ihm.

Seit kurzem werden in Japan Blumen vorwiegend nach einem neuen Stil zusammengestellt. Dabei werden wahllos bemalte Drähte und gefärbte Wurzeln benutzt. Natürlich kann auch dies Ausdruck von Schönheit einer besonderen Art sein. Wenn aber Schönheit eine endgültige, typische Form erhält, dann besteht die Gefahr, daß ihr Leben erstarrt. Das Leben der Schönheit offenbart sich in der schöpferischen Kraft eines freien natürlichen Menschen, und diese Schöpferkraft erstrahlt aus der Tiefe seiner alles umfassenden Aktivität, in der er das zum Idol Erhobene vernichtet.

XI

Noch eine Erzählung aus der Sung-Dynastie in China. Shigo, ein Zen-Meister, der später am Berg Monju im Jotoku-Distrikt lebte, wurde in einer Schlächterfamilie geboren. Zuerst arbeitete er täglich als Metzger. Doch muß er mit besonderen Fähigkeiten geboren worden sein oder eine innere geistige Not bekämpft haben – jedenfalls hatte er eines Tages, als er ein Wildschwein schlachtete, ganz plötzlich das ungewöhnliche Erlebnis, eins mit dem Weltall zu sein und sowohl sich wie die Welt zu überschreiten. Mit anderen Worten: Sein geistiges Auge öffnete sich der »Absoluten Dimension«. Er verließ seine Arbeit und ging zum Berg Monju. Dort durfte er Zen unter Shindo studieren. Ein wunderbarer Vers über seine Erleuchtung ist uns übermittelt:

> Gestern das Herz eines Dämons,
> heut' morgen eines Bodhisattvas Gesicht.
> Dämon und Bodhisattva –
> kein Unterschied zwischen beiden.

Eine Blume auf einem Zweiglein auf dem Feld hat die Anmut der Natur. Sie ist von natürlicher Schönheit, ist aber nicht Kunst. Von menschlicher Hand in die Vase einer Nische gestellt, kann die gleiche Blume, genau derselbe Zweig ihrer natürlichen Schönheit entschlüpfen und eine neu erschaffene Schönheit, eine Schönheit der Kunst entfalten. Das heißt, es entsteht ein schöpferisches Kunstwerk und bewegt unmittelbar die Seele derer, die es sehen und ihm einen kulturellen Wert beimessen. (Natürlich kann es unglückliche Fälle geben, in denen die menschliche Hand selbst die ursprüngliche natürliche Schönheit der Blume zerstört.)

Es mag interessant sein, die Erleuchtung des Schlächters Shigo auf folgende Weise zu erklären:

»Gestern das Herz eines Dämons, heute morgen eines Bodhisattvas Gesicht.« Es muß nicht zusätzlich gesagt werden, daß Dämon Teufel, Nichtwissen, Häßlichkeit bedeutet; dagegen mit Bodhisattva Erleuchtung und Schönheit gemeint sind. Wenn wir aber feststellen, daß in einer wildwachsenden Blume auf dem Feld anfänglich keine künstlerische Schönheit liegt und wir wildwachsende Blumen und gestellte Blumen in dualistischer Weise unterscheiden, dann sind wir schon auf dem falschen Weg der Unwissenheit und Täuschung.

Ein Schlächter und ein Schüler Buddhas, Natur und Kunst, sind weder eins noch zwei. Hier erreichen wir das Unaussprechliche, und von diesem außerordentlichen Punkt aus erstrahlen Religion und wahre Kunst in ewigem Glanz. Davon spricht Shigo in seiner religiösen Erfahrung: »Dämon und Bodhisattva – kein Unterschied zwischen beiden.«

Rikyu, der Zen-Weise, sagt einmal: »Wenn man für ein kleines Zimmer Blumen anordnet, so müssen ein oder zwei in gleicher Farbe schwerelos hingestellt werden.« Ich mag diese Bemerkung sehr. Das Wort »schwerelos« ist nicht im geringsten leicht. In diesem einen Wort können wir Rikyus geistiges Auge der Kunst mit seiner tiefen Zen-Einsicht entdecken. Nicht nur das – wir können auch in diesem einen Wort den »Geist der subjektiven Schönheit« erkennen, der sich in Freiheit auswirkt und verschiedene Arten von Blumenanordnungen – für eine große Halle, für ein Schaufenster, als »traditionelle Gruppierung« oder als »de-formiertes Gebilde« entfaltet. Das Geheimnis lebendiger Schöpferkraft in der Kunst liegt hier verborgen. Oder meint ihr, ich würde Rikyu überschätzen?

Wenn dieser Punkt erreicht ist, gibt es keine Unterscheidung mehr zwischen Religion und Kunst. Sie sind das gleiche, weder eins noch zwei.

Während meiner Lehrzeit als Mönch im Nanzenji-Kloster brachte eines Tages ein Schüler meines Lehrers Bukai dem Meister das Bild eines Totenschädels und bat ihn, ein Lobgedicht auf das Bild zu schreiben. Während ich auf Befehl des Lehrers die schwarze Tinte zubereitete, war ich ein wenig neugierig, welchen Kommentar er zu einem solchen Totenschädel schreiben würde. Nach einer Weile nahm er den Pinsel und schrieb chinesisch auf das Bild: »Wenn

man weiß, daß Eis wieder zu Wasser wird, dann sollten beide, Schönheit und Häßlichkeit, schön sein.« Und lächelnd sagte er: »Nun, der Totenkopf sollte hierdurch wieder zum Leben erweckt werden, findet ihr nicht auch?« Ich kann mich noch genau an diese Worte und an sein Lächeln erinnern.

Das künstlerische Leben von Zen besteht dort, wo beide, »Schönheit und Häßlichkeit, schön sind«. Die gewöhnliche, konventionelle »Schönheit« ist nur ein sklavisches Vorurteil. Hierin liegt das Geheimnis von »Schönheit und Häßlichkeit – kein Unterschied zwischen beiden«.

XII

Der »Weg« wird im Japanischen *michi* genannt, und *michi* hat die Bedeutung von »Überfluß haben«. Darum heißt es, daß der »Weg« überall und immer im Übermaß vorhanden ist. In frühen Zeiten war der Mond in der Hand des Menschen, der Wasser schöpft. Heute ist das Gewand voller Duft, wenn man eine Blume pflückt. Pinien sind grün und Blüten sind schwer von Tau. »Der Weg« ist wahrhaftig zu jeder Zeit und überall von weitem Ausmaß.

Ein Mönch mit Namen Soshin lernte unter Dogo. Er war ein lieber, ernsthafter junger Mönch, würdig seines Namens.[1] Aber Verzweiflung hatten ihn erfaßt, und er konnte seinen Zustand nicht mehr ertragen. Seitdem er zur Schulung ins Kloster gekommen war, hatte ihm sein Lehrer Dogo nicht ein einziges Mal Belehrung oder rechte Führung gegeben.

Eines Tages ging Soshin, der dies nicht länger aushalten konnte, zu seinem Lehrer und fragte ihn: »Seitdem ich in dieses Kloster eingetreten bin, hast du mir nicht ein einzi-

1 *Soshin* bedeutet: verehren und glauben.

ges Mal deine gütige Unterweisung gegeben. Was kann der Grund dafür sein?« Hierauf gab der Meister eine Antwort, die ganz unerwartet war: »Was fragst du? Seit dem Augenblick, in dem du mein Kloster betratest, habe ich niemals aufgehört, dich zu belehren.« »Welche Art von Lehre hast du mir gegeben, Meister?« fragte Soshin. »Nun, nun! Wenn du mir eine Tasse Tee bringst, nehme ich diese Tasse nicht an? Esse ich nicht die Mahlzeiten, die du mir reichst? Erwidere ich nicht deine Verbeugung, wenn du mich mit zusammengelegten Händen begrüßt? Wie habe ich jemals unterlassen, dich zu führen?« Als Soshin dies hörte, ließ er den Kopf tief hängen und konnte eine Zeitlang kein Wort mehr sagen.

Plötzlich durchdrang ein brüllender Anruf des Meisters wie ein lauter Tadel sein ganzes Wesen: »Wenn du siehst, dann sieh' es unmittelbar! Wenn sich ein Gedanke bewegt, ist es vorbei.« Hierauf schrie Soshin ganz ohne Absicht: »Oh!« und warf sich vor dem Meister nieder. Er weinte voll Freude oder Schmerz – er wußte es selbst nicht.

Meiner Meinung nach war die Führung von Kyogen noch unmittelbarer und intensiver. Ein Mönch besuchte ihn, während er Tee trank. Er goß Tee in eine andere Schale und bot sie dem Mönch an. Als der Schüler sie gerade nehmen wollte, zog der Meister sie wieder zurück und fragte: »Was ist das?« Natürlich vermochte der Schüler ihm überhaupt keine Antwort zu geben. Ohne ein weiteres Wort schlug ihn Kyogen nieder. Es war ein Jammer, daß der Mönch nicht fähig war, den »Weg, der im Übermaß vorhanden ist«, in einer Tasse Tee zu erkennen. Wir dürfen aber nicht vergessen, daß unaussprechliche Härten und strengste Zucht von jedem verlangt werden, um sich den Weg in seinem wahren Übermaß als seinen eigenen anzueignen. Für einen Menschen des Zen gilt: »Der Geist des Alltäglichen ist der Weg«, und dies ist sein Lebensschrei.

Der Begründer der Micho-Schule für Blumenstellen soll

folgenden Ausspruch getan haben: »Ein Sitz ist eine Blume, eine Vase ist eine Blume, ein Brett und ein Stand sind Blumen, Wasser ist eine Blume, Gräser und Äste sind selbstverständlich Blumen. Der Mensch, der sie stellt, ist eine Blume, auch der Geist ist eine Blume.« An dieser Bemerkung kann der Schüler nicht einfach vorbeigehen.

Wenn das geistige Auge der »Schönheit« offen ist und man erfährt, daß Sehen, Hören, Stehen oder Sitzen, daß dieses alles nur Blumen sind, dann können zum erstenmal Blumenanordnungen der Weg sein und religiöse Tiefe haben. Auf dieser Grundlage sind echte Blumen freizügig und schöpferisch anzuordnen.

XIII

Es gibt eine Anekdote über Yakusan, der bekannt wurde durch sein *koan* »Nicht-Denken«.[1]

Eines Abends – vielleicht in seinen späteren Jahren und wahrscheinlich Mitte des Herbstes – ging Yakusan einen Bergpfad entlang. Plötzlich gaben die Wolken den Mond frei. Er strahlte voll Glanz und Klarheit. Da brach Yakusan mit lautem Gelächter in ein schallendes »Ha!« aus. Dieser große Schrei hallte überall wider, selbst in den Dörfern, die zehn Meilen vom Berg entfernt lagen.

Am nächsten Morgen fragten die Menschen: »Was war das für ein Schrei, den wir gestern nacht hörten?« Niemand wußte, wer ihn ausgestoßen hatte. Die Frage verbreitete sich weiter und erreichte endlich die Mönche auf dem Berg. Zum erstenmal lernten sie erkennen: »Es war der Schrei von Yakusan angesichts des Mondes.«

Dies könnte man letzten Endes für eine unsinnige Geschichte halten, dieses: »Er brach in einen Schrei aus beim

---

1 *hishiryo* auf japanisch.

Anblick des Mondes, der plötzlich durch die Wolken brach, und dieser Schrei hallte in weiter Ferne wider.« Warum aber wurde dann diese Geschichte aufgezeichnet in dem strenggläubigen Zen-Text des *Keitoku Dento-roku* (»Die Übertragung der Lampe«), um sie als besonders bezeichnend bis auf unsere Tage zu überliefern?

Ich möchte dies hier nicht länger erörtern. Aber bei dem Wort »Nicht-Denken« fällt uns die logische Philosophie ein, und bei dem Schrei »Ha!« kommen wir zu dem Schluß, daß dies nur ein emotionaler Ausruf ist. Hier mag »etwas« die Klarheit unseres Denkens trüben und unsere Freiheit einschränken. Wir müssen ein für alle Male den Durchbruch wagen.

Zen deutet auf das »Absolute«, das auf dem Grund von Logik und Philosophie aufscheint und die Unterscheidung von »Nicht-Denken« und »ein Schrei« übersteigt. Zen verlangt, daß wir diese »lebendige, leibhafte Person« ergreifen. Beides, das »Nicht-Denken« und der »eine Schrei«, sind letzten Endes Schatten, die auf der »einen wahren Person« liegen, so meine ich.

Zen ist weder eine Vorstellung noch eine Philosophie. Es ist die lebendige Wirklichkeit. Von der »Person« abgesondert, ist alles nutzloses und sinnloses Gerede.

Es gibt eine andere Anekdote von Yakusan: Aus irgendeinem Grund hatte er eine recht lange Zeit seinen Mönchen keine Vorlesung gehalten. Der oberste Mönch ging zu ihm und fragte: »Jeder hat sich lange schon nach deinen Unterweisungen gesehnt. Könntest du nicht eine geben? Wir bitten sehr darum.« »Gern«, antwortete Yakusan. »Läute die Glocke und rufe alle Mönche zusammen.«

Bald erscholl die Glocke über das Klostergelände. Nachdem sich eine Menge von Schülern um seinen Sitz versammelt hatte, verließ Yakusan schweigend seinen Platz und ging unmittelbar in sein Zimmer zurück.

Der entsetzte oberste Mönch folgte ihm und beklagte

sich: »Du versprachst den Mönchen eine Vorlesung. Warum bist du wortlos wieder gegangen?« Sehr ruhig antwortete Yakusan: »Für das Studium der Sutras gibt es Gelehrte; für die Erhellung der Lehren gibt es Theologen, ich bin ein Zen-Mönch. Warum in aller Welt muß ich von euch in dieser Weise Vorwürfe erhalten?«

Der oberste Mönch (der Augengläser aus runden durchlöcherten Rettichscheiben hatte) war bedauerlicherweise nicht fähig, den wahren Geist von Yakusan zu erfassen.

»Nicht-Denken«, »ein Schrei« oder »vom Sitz steigen« – wenn dies alles fortgeworfen ist, dann erscheint die Persönlichkeit, die Quelle aller Taten und Handlungen. Zen nennt sie den »Menschen des Weges, der sich auf nichts stützt« oder den »Wahren Menschen ohne Namen«. Wenn einmal dieser Wahre Mensch ohne Namen verwirklicht ist, wird unser geistiges Auge geöffnet sein, so daß es alle Taten und Handlungen in ihrer Wahrheit sieht.

Heute reden die Menschen so viel von Unabhängigkeit und Freiheit verschiedenster Art. Doch wenn sie nicht zu der eben erwähnten Verwirklichung kommen, bedeutet es, daß ihre »Freiheit« nur zu einem passiven Befreitsein von irgend etwas führt. Es fehlt ihr die positive Bejahung, die behaupten kann: »Freiheit ist schöpferische Kraft.«

XIV

In einem Zen-Text, den ich besitze, wird folgendes *mondo* berichtet: Eines Tages besuchte ein hoher Regierungsbeamter Tohei. Sobald der Beamte in das Zimmer des Meisters geführt wurde und Platz genommen hatte, begrüßte ihn Tohei mit der Frage: »Von welcher Farbe ist der Wind?« Auf diese unerwartete Frage vermochte der Beamte kein Wort hervorzubringen. Nun richtete Tohei diese Frage an seinen Mönch-Schüler, der gerade zugegen war:

»Was würdest du sagen?«

Offensichtlich war dieser Mönch kein gewöhnlicher Bursche. Denn er hob sogleich die langen Ärmel seines schwarzen Gewandes vor der Nase des Beamten hoch und sagte: »Nun, wir wollen diese in deinem Büro hinlegen.« Meinte er damit: »Schau auf diese Farbe des Windes«? Leider ist nichts berichtet von der Reaktion des Regierungsbeamten. Bei der unerwarteten Frage: »Von welcher Farbe ist der Wind?« dürfen wir nicht an Wind oder Farbe hängen bleiben.

Wir sind Sklaven der Unterscheidung zwischen Ja-und-Nein, Subjekt-und-Objekt, und sind Sklaven der verschiedenen Namen. Toheis Frage waren seine barmherzigen »dreißig Stockschläge«. Er versuchte uns von dieser elenden Versklavung zu befreien, indem er unser unterscheidendes Bewußtsein zerschmetterte. Wahre Freiheit oder wahre Schöpferkraft erstrahlen erst, wenn wir diese Schranke durchbrechen.

Der Mönch hob die langen Ärmel seines schwarzen Gewandes hoch und antwortete anstelle des Beamten: »Wir wollen sie in deinem Büro hinlegen!« Diese Frage nach der Farbe soll aber hier nicht weiter ausgeführt werden.

Was ich hinlegen möchte – nicht nur im Büro, sondern überall in der Welt, wo Menschen leben –, ist weder das schwarze Gewand noch ein roter Teppich oder ein blaues Tuch. Ich möchte allein die menschliche Wahrheit überall verbreiten, mit der wir »Gott« oder »Buddha« erschauen.

Wahre Kunst oder wahre Religion sollten der geistige Impuls sein zum Erwecken tiefer Menschlichkeit auf dem Grunde der Wirklichkeit.

Es scheint, daß seit jüngster Zeit allmählich in den Tiefen der modernen Menschen, die erschöpft und verängstigt sind unter dem Druck der neuzeitlichen Kultur, die Sehnsucht nach der fehlenden Menschlichkeit allmählich erwacht. Diese Sehnsucht dürfte nicht allein durch politische

Umgestaltung, Verbesserung der wirtschaftlichen Systeme oder durch diplomatische Verhandlungen befriedigt werden. Sie scheint tiefer verwurzelt zu sein.

Wäre es für uns nicht jetzt an der Zeit, von neuem in Ruhe die tiefe Wahrheit der Religion zu erforschen aufgrund unseres neuen Denkens und des neuen Gesichtspunktes dieses Zeitalters?

Die Religion muß jetzt alle Überreste der Geschichte fortwerfen und zurückkehren zu ihrer ursprünglichen Echtheit. Sie muß eine klare Antwort geben können auf die Sehnsucht nach Menschlichkeit, die in unserem Geist angerührt ist.

XV

Ummon war ein großer Zen-Meister, dessen Tätigkeit in das Ende der Tang-Dynastie und den Anfang der Periode der Fünf Dynastien fiel. Auch er ist berühmt für seine vielen *mondos* über das Thema Zeit, durch die er seine Zen-Vollendung erwies.

Einmal fragte ihn ein Mönch: »Wie kann ich mich vorbereiten, um nicht Zeit während der vierundzwanzig Stunden des Tages zu vergeuden?« »Woher hast du eine solche Frage?« war Ummons unerwartete Antwort. Natürlich mußte der Mönch gestehen: »Ich verstehe überhaupt nicht, was du meinst.«

Vor diesem Gespräch hatte Ummon seine berühmte Rede an die Mönche gehalten: »Jeder Tag ist ein guter Tag.« Er lebte nicht in der Welt, in der es einen Unterschied zwischen Zeit und Selbst gibt. Seine Schau und seine Handlungen müssen aus einer ganz anderen Welt stammen.

Joshu, ein Zen-Meister, der berühmt wurde durch sein *koan* »mu« (Nichts), behauptete: »Ihr werdet von den

vierundzwanzig Stunden benutzt. Ich nutze die vierundzwanzig Stunden völlig aus.« Damit ermahnte er seine
Mönche, stets Herr der Zeit zu sein.

Der Narr, der fragt: »Wie könnte ich vermeiden, vierundzwanzig Stunden zu vergeuden«, verschwendet sicher
Zeit. Er wird zu denen gehören, die die Sicht des wahren
Selbst verloren haben und getrieben werden von dem Teufel, der Geschichte genannt wird.

»Ein Meister ist nicht unbeschwert, auch wenn er unbe-
kümmert erscheint«, ist ein weiser Ausspruch. Menschen
wie Joshu und Ummon, die vollkommene Meister der Zeit
waren, ob sie kamen oder gingen, saßen oder lagen, wären
über solche Fragen so aufgebracht gewesen, daß sie sich
wahrscheinlich nicht zurückgehalten hätten, auszurufen:
»Du Dummkopf! Blick unter deine Füße!« Sie kannten
keine Zeit außerhalb ihrer selbst. Für sie gab es keine Zeit,
gesondert von der Wirklichkeit ihres Lebens. Zeit ist für
sie etwas, das niemals vergeudet werden kann. Wir können nicht umhin, sie zu beneiden.

Daito, der Lehrer der Nation, hielt mitten im Sommer-
Semester (am 15. Juni) folgende Rede:

»Wir wissen, daß Tag und Nacht nach der Zeit gemes-
sen werden und die Jahreszeit nach Tagen. Dies ist unser
überkommenes Denken. Wenn aber Himmel und Erde
noch nicht voneinander getrennt und wenn Unterscheidungen noch nicht aufgetreten sind, ist dann dieser Tag
Mitte des Sommers zu nennen? Oder stimmt das nicht?«

Die Zeit nach einem relativ festgesetzten Maßstab zu bemessen, entstammt unserem gewöhnlichen (dualistischen)
Verständnis. Jener aber, der als Meister der Zeit die Zeit
beherrscht, der alles unterscheidende Bewußtsein fortgeworfen hat und in der Absoluten Einheit lebt, kennt keine
relative Zeit. Er könnte die Frage stellen: »Wie wird dieser
Tag genannt? Wie sollte man ihn nennen?«

Die Wahrheit des ewigen Lebens kümmert sich nicht

darum, ob das neue Jahr im Januar oder Dezember beginnt. Solche Wahrheit richtet sich nicht nach Unterteilun-
gen, die Menschen vornahmen, die unbedingt Zeit als
einen gesonderten Strom außerhalb ihrer Selbst ansehen
wollen. In der Zeitsicht des Zen-Meisters gibt es kühne
Überschreitungen, die sich von nichts stören lassen. Sie
bleiben unberührt von Jahresanfang oder -ende. Nicht Tag
noch Nacht vermögen sie zu erreichen.

> Was bekümmert dich dein Leben?
> Betrachte die Weide am Fluß.
> Dort steht sie und schaut
>   dem fließenden Wasser nach.

In dieser Welt muß letzten Endes das sein, was sein muß.
Warum können wir dann nicht mit einem solchen Bewußt-
sein leben? »Woher ist dir eine solche Frage gekommen?«
Diese Antwort, die noch so widersinnig zu sein scheint, ist
in Wirklichkeit Ausbruch von Ummons tief empfundenem
Mitleid. Er versucht uns – durch Überschreiten der Zeit –
zu retten aus der kummervollen Situation, die uns zum
Verlust unserer geistigen Grundlage führte.

> Die Glocke ertönt,
> heut' nacht erklingt sie von neuem –
> der Glockenschlag in dieser alten Stadt.

Ich möchte dem widerhallenden Klang der Glocke allein in
der Stille lauschen, nicht als Ton, der die Zeit zählt, sondern als Glockenschlag zum Erwecken des inneren Lebens.
Für nur diese kleine Weile möchte ich zurückkehren zu
meinem ursprünglichen Selbst, nackt im Angesicht des Absoluten, und Körper und Geist dem ewigen Leben anvertrauen.

Vielleicht öffnet sich uns dann eine ganz neue Welt.

Rein und frisch sind die Blumen vom Tau,
klar und hell ist der Gesang der Vögel.
Ruhig die Wolken, die Wasser blau.
Wer schrieb das Wahre Wort ohne Schrift?

Hoch sind die Berge, die Bäume grün.
Tief sind die Täler, die Ströme klar.
Sanft ist der Wind, heiter der Mond.
In Ruhe les' ich das Wahre Wort ohne Schrift.

KLASSISCHE JAPANISCHE LITERATUR
in den Verlagen Insel und Suhrkamp

Als wär's des Mondes letztes Licht am frühen Morgen. Hundert Gedichte von hundert Dichtern aus Japan. Herausgegeben und übertragen von Jürgen Berndt. Leinen

Die Geschichte vom Prinzen Genji, wie sie geschrieben wurde um das Jahr Eintausend unserer Zeitrechnung von Murasaki, genannt. Shikibu, Hofdame der Kaiserin von Japan. Nach der englischen Übertragung von Arthur Waley. Deutsch von Herberth E. Herlitschka. 2 Bände in Kassette. it 1659

Das Ise-monogatari. Kavaliersgeschichten aus dem alten Japan. Aus dem Original übertragen und kommentiert von Siegfried Schaarschmidt. Mit Illustrationen nach einer japanischen Ausgabe des frühen 17. Jahrhunderts und Erläuterungen zu den Bildern von Irmtraud Schaarschmidt-Richter. Leinen

Japanische Märchen. Herausgegeben und frei aus dem Japanischen übertragen von Yasuko Asaoka. Leinen

Yoshida Kenkô: Betrachtungen aus der Stille. Das Tsurezuregusa. Aus dem Japanischen übertragen, erläutert und mit einem Nachwort versehen von Oscar Benl. Leinen, st 1227 und it 1370

Santô Kyôden: Die Geschichte der schönen Sakurahime. Eine Erzählung von unheilbringender Liebe, Eifersucht und der seltsamen Verwandlung einer Frau. Aus dem Japanischen übertragen und mit einem Nachwort versehen von Bruno Lewin. Leinen

Meister Seami: Die geheime Überlieferung des Nô. Aufgezeichnet von Meister Seami. Aus dem Japanischen übertragen und erläutert von Oscar Benl. Leinen

Das Kopfkissenbuch der Dame Sei Shonagon. Auswahl, Anordnung und Nachwort von Helmut Brode. Illustrationen von Irmtraud Schaarschmidt-Richter. IB 998

Traumbrücke ins ausgekochte Wunderland. Ein japanisches Lesebuch. Herausgegeben von Irmela Hijiya-Kirschnereit. Mit zahlreichen Farb- und Schwarzweißabbildungen. Kartoniert

Ueda Akinari: Erzählungen beim Frühlingsregen. Aus dem Japanischen übertragen und mit einem Nachwort versehen von Wolfgang E. Schlecht. Leinen

Die vertauschten Geschwister. Ein höfischer Roman aus dem 12. Jahrhundert. Aus dem Japanischen übertragen und eingeleitet von Michael Stein. Leinen

Vierundzwanzig Nô-Spiele. Ausgewählt und aus dem Japanischen übertragen von Peter Weber-Schäfer. Leinen

Zen. Aussprüche und Verse der Zen-Meister. Auswahl und Nachwort von Peter Weber-Schäfer. IB 798

120/1/11.94

MODERNE JAPANISCHE LITERATUR
in den Verlagen Insel und Suhrkamp

Uno Chiyo: Die Geschichte einer gewissen Frau. Aus dem Japanischen
übertragen und mit einem Nachwort versehen von Barbara Yoshida-
Krafft. Leinen

Furui Yoshikichi: Der Heilige. Roman. Aus dem Japanischen übersetzt
und mit einem Nachwort versehen von Ekkehard May. Leinen

Ibuse Masuji: Pflaumenblüten in der Nacht. Erzählungen. Ausgewählt,
aus dem Japanischen übertragen und mit einem Nachwort versehen
von Jürgen Berndt. Leinen

Yasushi Inoue: Die Berg-Azaleen auf dem Hira-Gipfel. Erzählungen.
Aus dem Japanischen von Oscar Benl. BS 666 und IB 1098

– Die Eiswand. Roman. Aus dem Japanischen von Oscar Benl. st 551

– Die Höhlen von Dun-Huang. Roman. Aus dem Japanischen von
Siegfried Schaarschmidt. st 1692

– Das Jagdgewehr. Erzählungen. Aus dem Japanischen von Oscar Benl.
BS 137

– Meine Mutter. Erzählungen. Aus dem Japanischen von Oscar Benl. st 1775

– Der Stierkampf. Erzählung. Aus dem Japanischen von Oscar Benl.
BS 273 und st 944

– Das Tempeldach. Ein historischer Roman. Übertragung aus dem Japanischen und Nachwort von Oscar Benl. BS 709

Ishikawa Takuboku: Trauriges Spielzeug. Gedichte und Prosa. Ausgewählt, aus dem Japanischen übertragen und mit einem Nachwort versehen von Wolfgang Schamoni. Leinen

Yasunari Kawabata: Die schlafenden Schönen. Roman. Aus dem Japanischen von Siegfried Schaarschmidt. BS 1165

Kôno Taeko: Riskante Begierden. Roman. Aus dem Japanischen übertragen von Sabine Mangold und Hayasaki Yukari. Mit einem Nachwort von Irmela Hijiya-Kirschnereit. Leinen

Mensch auf der Brücke. Zeitgenössische Lyrik aus Japan. Herausgegeben von Eduard Klopfenstein und Cornelius Ouwehand. Leinen

Mishima Yukio: Nach dem Bankett. Roman. Aus dem Japanischen von
Sachiko Yatsushiro. BS 488

Mori Ôgai: Im Umbau. Gesammelte Erzählungen. Herausgegeben,
aus dem Japanischen übertragen und mit einem Nachwort versehen
von Wolfgang Schamoni. Leinen

– Die Tänzerin. Aus dem Japanischen von Wolfgang Schamoni. BS 1159

– Die Wildgans. Roman. Aus dem Japanischen übersetzt und mit einem
Nachwort versehen von Fritz Vogelgsang. BS 862

Murakami Haruki: Wilde Schafsjagd. Roman. Aus dem Japanischen von
Annelie Ortmanns-Suzuki und Jürgen Stalph. Leinen

MODERNE JAPANISCHE LITERATUR
in den Verlagen Insel und Suhrkamp

Ōba Minako: Träume fischen. Roman. Aus dem Japanischen übertragen von Bruno Rhyner. Leinen und st 2390

Kenzaburō Ōe: Eine persönliche Erfahrung. Roman. Aus dem Japanischen von Siegfried Schaarschmidt. st 1842. Von Ōe inzwischen 2 weitere Titel

– Stille Tage. Roman. Aus dem Japanischen übertragen von Wolfgang E. Schlecht und Ursula Gräfe. Mit einem Nachwort von Irmela Hijiya-Kirschnereit. Leinen

Ōoka Shōhei: Feuer im Grasland. Roman. Aus dem Japanischen von G. S. Dombrady und Oscar Benl. Mit einem Nachwort von Irmela Hijiya-Kirschnereit. Leinen

Shimazaki Tōson: Ausgestoßen. Roman. Aus dem Japanischen übersetzt und mit einem Nachwort versehen von Jürgen Berndt. Leinen

Tanikawa Shuntarō: Picknick auf der Erdkugel. Gedichte. Ausgewählt, aus dem Japanischen übertragen und mit einem Nachwort versehen von Eduard Klopfenstein. Leinen

Tanizaki Junichiro: Die geheime Geschichte des Fürsten von Musashi. Roman. Aus dem Japanischen von Josef Bohaczek. Mit einem Nachwort von Irmela Hijiya-Kirschnereit. Leinen

Traumbrücke ins ausgekochte Wunderland. Ein japanisches Lesebuch. Herausgegeben von Irmela Hijiya-Kirschnereit. Mit zahlreichen Farb- und Schwarzweißabbildungen. Kartoniert

121/2/11.94